AKAL BÁSICA DE BOLSILLO **383**

Serie Clásicos del pensamiento político

AF276901

¡PROLETARIOS DE TODOS LOS PAÍSES,
UNÍOS!

Diseño interior y cubierta: RAG

1.ª edición, 2018
2.ª edición, 2025

© Ediciones Akal, S. A., 2018, 2025
Sector Foresta, 1
28760 Tres Cantos
Madrid - España
Tel.: 918 061 996
Fax: 918 044 028
www.akal.com

ISBN: 978-84-460-5668-3
Depósito legal: M-2.620-2025

Impreso en España

Mao Tse-Tung

El libro rojo

ARGENTINA / ESPAÑA / MÉXICO

I. EL PARTIDO COMUNISTA

La fuerza-núcleo que dirige nuestra causa es el Partido Comunista de China.

La base teórica que guía nuestro pensamiento es el marxismo-leninismo.

> Discurso de apertura de la I Sesión de la Asamblea Popular Nacional (primera legislatura) de la República Popular China (15 de septiembre de 1954).

Para hacer la revolución, se necesita un partido revolucionario. Sin un partido revolucionario, sin un partido construido conforme a la teoría revolucionaria marxista-leninista y al estilo revolucionario marxista-leninista, es imposible conducir a la clase obrera y las amplias masas populares a la victoria sobre el imperialismo y sus lacayos.

> "¡Fuerzas revolucionarias del mundo, uníos, luchad contra la agresión imperialista!" (noviembre de 1948), *Obras Escogidas*, t. IV.

Sin los esfuerzos del Partido Comunista de China, sin los comunistas chinos como sostén del pueblo chino, es imposible alcanzar la independencia y la liberación del país, su industrialización y la modernización de su agricultura.

> "Sobre el gobierno de coalición" (24 de abril de 1945), *Obras Escogidas*, t. III.

El Partido Comunista de China es el núcleo dirigente del pueblo chino. Sin este núcleo, la causa del socialismo no puede triunfar.

> Discurso pronunciado en la recepción a todos los delegados al III Congreso Nacional de la Liga de la Juventud de la Nueva Democracia de China (25 de mayo de 1957).

Un Partido disciplinado, pertrechado con la teoría marxista-leninista y que practica la autocrítica y se mantiene ligado a las masas populares, un ejército dirigido por tal Partido, un frente único de todas las clases revolucionarias y grupos revolucionarios dirigido por tal Partido: éstas son las tres armas principales con que hemos derrotado al enemigo.

"Sobre la dictadura democrática popular" (30 de junio de 1949), *Obras Escogidas*, t. IV.

Debemos tener confianza en las masas, debemos tener confianza en el Partido. Estos son dos principios fundamentales. Si dudamos de ellos, nada podremos realizar.

"Sobre el problema de la cooperativización agrícola" (31 de julio de 1955).

Armado con la teoría e ideología marxista-leninistas, el Partido Comunista de China ha aportado al pueblo chino un nuevo estilo de trabajo, que consiste principalmente en integrar la teoría con la práctica, forjar estrechos vínculos con las masas populares y practicar la autocrítica.

"Sobre el gobierno de coalición"
(24 de abril de 1945), *Obras Escogidas*, t. III.

Ningún partido político puede conducir un gran movimiento revolucionario a la victoria si no posee una teoría revolucionaria, un conocimiento de la historia y una comprensión profunda del movimiento práctico.

"El papel del Partido Comunista de China en la guerra nacional" (octubre de 1938), *Obras Escogidas*, t. II.

El movimiento de rectificación es, como decíamos, un "amplio movimiento de educación marxista". Por rectificación entendemos que todo el Partido estudia marxismo a través de la crítica y la autocrítica.

Podremos sin duda aprender más marxismo en el curso del movimiento de rectificación.

"Discurso ante la Conferencia Nacional del Partido Comunista de China sobre el Trabajo de Propaganda" (12 de marzo de 1957).

Es muy ardua tarea asegurar una vida mejor a los centenares de millones de chinos y transformar nuestro país, atrasado económica y culturalmente, en un país próspero, poderoso y con elevado nivel cultural. Precisamente para asumir esta tarea con mayor competencia y trabajar mejor junto con todos aquellos que, sin ser militantes del Partido, se mueven por altos ideales y están decididos a hacer transformaciones, debemos desplegar movimientos de rectificación tanto ahora como en el futuro y desprendernos constantemente de todo lo que sea erróneo.

Ibid..

La política es el punto de partida de todas las acciones prácticas de un partido revolucionario, y se manifiesta en el proceso y el resultado final de sus acciones. Toda acción de un partido revolucionario es la aplicación de su política. Si no aplica una política correcta, aplica una errónea; si no aplica determinada política de modo consciente, la aplica a ciegas. Lo que llamamos experiencia es el proceso y el resultado final de la aplicación de una política. Sólo a través de la práctica del pueblo, es decir, por la experiencia, se puede verificar si una política es correcta o errónea y determinar hasta qué grado lo es. Pero la práctica de los hombres, especialmente la práctica de un partido revolucionario y de las masas revolucionarias, está necesariamente ligada con una u otra política. Por tanto, antes de emprender cualquier acción, debemos explicar a los militantes del Partido y a las masas la política que hemos formulado a la luz de las circunstancias dadas. De otro modo, los militantes del Partido y las masas se apartarán de la dirección de nuestra política, actuarán a ciegas y aplicarán una política errónea.

"Sobre la política concerniente a la industria y el comercio" (27 de febrero de 1948), *Obras Escogidas*, t. IV.

Nuestro Partido ha formulado la línea general y la política general de la revolución china, así como las líneas específicas para el trabajo y las medidas políticas concretas. Sin embargo, a menudo muchos camaradas recuerdan sólo las líneas específicas para el trabajo y las medidas políticas concretas, pero olvidan la línea general y la política general del Partido. Si de verdad las olvidamos, seremos revolucionarios ciegos, inmaduros y de ideas confusas y, al aplicar una línea específica para el trabajo y una medida política concreta, nos desorientaremos, oscilaremos a izquierda y derecha, y perjudicaremos nuestro trabajo.

> "Discurso pronunciado en una conferencia de cuadros de la región liberada de Shansí-Suiyuán" (1° de abril de 1948), *Obras Escogidas*, t. IV.

La política y la táctica son la vida del Partido; los camaradas dirigentes a todos los niveles deben prestar plena atención a ellas y de ninguna manera mostrarse negligentes a este respecto.

> "Circular sobre la situación" (20 de marzo de 1948), *Obras Escogidas*, t. IV.

II. CLASES Y LUCHA DE CLASES

Las clases luchan, unas clases salen victoriosas, otras quedan eliminadas. Así es la historia, así es la historia de la civilización de los últimos milenios. Interpretar la historia desde este punto de vista es materialismo histórico; sostener el punto de vista opuesto es idealismo histórico.

> "Desechar las ilusiones, prepararse para la lucha" (14 de agosto de 1949), *Obras Escogidas,* t. IV.

En la sociedad de clases, cada persona existe como miembro de una determinada clase, y todas las ideas, sin excepción, llevan su sello de clase.

> "Sobre la práctica" (julio de 1937), *Obras Escogidas*, t. I.

Los cambios que se producen en la sociedad se deben principalmente al desarrollo de sus contradicciones internas, es decir, las contradicciones entre las fuerzas productivas y las relaciones de producción, entre las clases y entre lo viejo y lo nuevo. Es el desarrollo de estas contradicciones lo que hace avanzar la sociedad e impulsa la sustitución de la vieja sociedad por la nueva.

"Sobre la contradicción" (agosto de 1937), *Obras Escogidas*, t. I.

La despiadada explotación económica y la cruel opresión política de los campesinos por la clase terrateniente, los forzaron a alzarse en numerosas rebeliones contra la dominación de ésta. [. . .] Las luchas de clase del campesinado, los levantamientos campesinos y las guerras campesinas fueron la única fuerza motriz real del desarrollo histórico en la sociedad feudal china.

> "La revolución china y el Partido Comunista de China" (diciembre de 1939), *Obras Escogidas*, t. II.

La lucha nacional es, en último término, un problema de la lucha de clases. Entre los blancos en los EE.UU., sólo los reaccionarios círculos dominantes son los que oprimen a los negros. Ellos no representan en modo alguno a los obreros, campesinos, intelectuales revolucionarios y personalidades razonables que constituyen la aplastante mayoría de los blancos.

> "Declaración de apoyo a los negros norteamericanos en su justa lucha contra la discriminación racial del imperialismo norteamericano" (8 de agosto de 1963).

A nosotros nos incumbe organizar al pueblo. En cuanto a los reaccionarios chinos, nos incumbe a nosotros organizar al pueblo para derribarlos. Con todo lo reaccionario ocurre igual: si no lo golpeas, no cae. Esto es como barrer el suelo: por regla general, donde no llega la escoba, el polvo no desaparece solo.

> "La situación y nuestra política después de la victoria en la Guerra de Resistencia contra el Japón" (13 de agosto de 1945), *Obras Escogidas*, t. IV.

El enemigo no desaparecerá por sí solo. Ni los reaccionarios chinos ni las fuerzas agresoras del imperialismo norteamericano en China se retirarán por su propia voluntad del escenario de la historia.

> "Llevar la revolución hasta el fin" (30 de diciembre de 1948), *Obras Escogidas*, t. IV.

Hacer la revolución no es ofrecer un banquete, ni escribir una obra, ni pintar un cuadro o hacer un bordado; no puede ser tan elegante, tan tranquila y delicada, tan apacible, amable, cortés, moderada y magnánima. Una revolución es una insurrección, es un acto de violencia mediante el cual una clase derroca a otra.

"Informe sobre la investigación del movimiento campesino en Junán" (marzo de 1927), *Obras Escogidas*, t. I.

Chiang Kai-shek trata siempre de arrebatar al pueblo cada átomo de poder y cada átomo de sus conquistas. ¿Y nosotros? Nuestra política es responder medida por medida y luchar por cada pulgada de terreno. Actuamos según él actúa. El siempre trata de imponer la guerra al pueblo, con una espada en la mano izquierda y otra en la derecha. Siguiendo su ejemplo, también nosotros empuñamos espadas. [...] Como Chiang Kai-shek está ahora afilando sus espadas, debemos afilar las nuestras.

"La situación y nuestra política después de la victoria en la Guerra de Resistencia contra el Japón" (13 de agosto de 1945). *Obras Escogidas*, t. IV.

¿Quiénes son nuestros enemigos y quiénes nuestros amigos? Esta es una cuestión de importancia primordial para la revolución. Si todas las anteriores luchas revolucionarias de China sólo obtuvieron exiguos resultados, fue esencialmente porque los revolucionarios no supieron unirse con los auténticos amigos para atacar a los verdaderos enemigos. Un partido revolucionario es el guía de las masas, y no hay revolución que no fracase cuando ese partido las conduce por un camino erróneo. A fin de conquistar con seguridad la victoria en la revolución y no conducir a las masas por un camino erróneo, tenemos que cuidar de unirnos con nuestros auténticos amigos para atacar a nuestros verdaderos enemigos. Y para distinguir a los auténticos amigos de los verdaderos enemigos, tenemos que hacer un análisis general de la condición económica de las diversas clases de la sociedad china y de sus respectivas actitudes hacia la revolución.

> "Análisis de las clases de la sociedad china" (marzo de 1926), *Obras Escogidas*, t. I.

Son nuestros enemigos todos aquellos que están confabulados con el imperialismo: los caudillos militares, los burócratas, la burguesía compradora, la clase de los grandes terratenientes y el sector reaccionario de la intelectualidad subordinado a todos ellos. El proletariado industrial es la fuerza dirigente de nuestra revolución. Nuestros amigos más cercanos son el semiproletariado en su totalidad y la pequeña burguesía. En cuanto a la vacilante burguesía media, su ala derecha puede ser nuestro enemigo, y su ala izquierda, nuestro amigo; pero debemos mantenernos constantemente en guardia y no permitir a esta última que cree confusión en nuestro frente.

Ibíd.

Quien toma partido por el pueblo revolucionario, es un revolucionario. Quien toma partido por el imperialismo, el feudalismo y el capitalismo burocrático, es un contrarrevolucionario. Quien se coloca al lado del pueblo revolucionario sólo de palabra, pero no en los hechos, es un revolucionario de palabra.   Quien se coloca al lado del pueblo revolucionario no sólo de palabra sino también en los hechos, es un revolucionario completo.

Discurso de clausura en la II Sesión del Primer Comité Nacional de la Conferencia Consultiva Política del Pueblo Chino (23 de junio de 1950).

Considero que, para nosotros, es malo si una persona, partido, ejército o centro de enseñanza no es atacado por el enemigo, porque eso significa que ha descendido al nivel de éste.   Es bueno si el enemigo nos ataca, porque eso prueba que hemos deslindado los campos con él.   Y mejor aún si el enemigo nos ataca con furia y nos pinta de negro y carentes de toda virtud, porque eso demuestra que no sólo hemos deslindado los campos con él, sino que hemos alcanzado notables éxitos en nuestro trabajo.

"Ser atacado por el enemigo no es una cosa mala sino una cosa buena" (26 de mayo de 1939).

Debemos apoyar todo lo que el enemigo combata y oponernos a todo lo que el enemigo apoye.

> "Entrevista con tres corresponsales de la Agencia Central de Noticias y de los periódicos *Saodang Bao* y *Xinmin Bao*" (16 de septiembre de 1939), *Obras Escogidas*, t. II.

Nuestra posición es la del proletariado y las masas populares. Para los miembros del Partido Comunista, esto quiere decir que deben mantenerse en la posición del Partido, ajustarse al espíritu de partido y a la política del Partido.

> "Intervenciones en el Foro de Yenán sobre Literatura y Arte" (mayo de 1942), *Obras Escogidas*, t. III.

Después de eliminados los enemigos con fusiles, quedarán aún los enemigos sin fusiles, quienes entablarán, inevitablemente, una lucha a muerte contra nosotros; jamás debemos subestimarlos. Si ahora no planteamos ni comprendemos el problema de este modo, cometeremos errores muy graves.

> "Informe ante la II Sesión Plenaria del Comité Central elegido en el VII Congreso Nacional del Partido Comunista de China" (5 de marzo de 1949), *Obras Escogidas*, t. IV.

Los imperialistas y los reaccionarios internos jamás se resignarán a su derrota; forcejearán hasta el fin. Aun después de establecida la paz y el orden en todo el país, se entregarán a labores de zapa y provocarán disturbios en mil formas; tratarán a diario y en todo momento de restaurar su Poder en China. Esto es inevitable y está fuera de duda; nunca debemos relajar nuestra vigilancia.

> Discurso de apertura en la I Sesión Plenaria de la Conferencia Consultiva Política del Pueblo Chino (21 de septiembre de 1949).

En China, aunque en lo fundamental ha culminado la transformación socialista de la propiedad y han terminado fundamentalmente las vastas y tempestuosas luchas de clase de las masas, características de los anteriores períodos revolucionarios, subsisten remanentes de las clases derrocadas: la clase terrateniente y la burguesía compradora; subsiste la burguesía, y la transformación de la pequeña burguesía sólo acaba de empezar. La lucha de clases no ha terminado. La lucha de clases entre el proletariado y la burguesía, entre las diferentes fuerzas políticas y entre el proletariado y la burguesía en el terreno ideológico, será aún larga, tortuosa y a veces incluso muy enconada. El proletariado aspira a transformar el universo según su concepción del mundo, y la burguesía, según la suya. A este respecto, aún no ha sido resuelta en definitiva la cuestión de quién vencerá: el socialismo o el capitalismo.

> "Sobre el tratamiento correcto de las contradicciones en el seno del pueblo" (27 de febrero de 1957).

Pasará un tiempo bastante largo antes de que se resuelva la cuestión de quién vencerá a quién en la lucha ideológica entre el socialismo y el capitalismo en nuestro país. Esto se explica porque la influencia de la burguesía y de los intelectuales provenientes de la vieja sociedad subsistirá por un largo tiempo en nuestro país, y así también su ideología de clase. Quien no lo comprenda bien, o no lo comprenda en absoluto, cometerá el más grave de los errores y pasará por alto la necesidad de la lucha en el terreno ideológico.

Ibíd.

En nuestro país, subsistirá por un largo tiempo la ideología burguesa y pequeñoburguesa, la ideología antimarxista. Se ha establecido en lo fundamental el sistema socialista. Hemos obtenido la victoria básica en la transformación de la propiedad de los medios de producción, pero todavía no hemos logrado la victoria completa en los frentes político e ideológico. En el terreno ideológico, todavía no se ha resuelto en definitiva la cuestión de quién vencerá: el proletariado o la burguesía. Aún debemos sostener una lucha prolongada contra la ideología burguesa y pequeñoburguesa. Es erróneo ignorar esto y abandonar la lucha ideológica. Todas las ideas erróneas, todas las hierbas venenosas y todos los monstruos y demonios deben ser sometidos a crítica; en ninguna circunstancia podemos tolerar que cundan libremente. Sin embargo, la crítica debe ser plenamente razonada, analítica y convincente, y no burda, buro-crática, metafísica o dogmática.

"Discurso ante la Conferencia Nacional del Partido Comunista de China sobre el Trabajo de Propaganda" (12 de marzo de 1957).

Tanto el dogmatismo como el re-visionismo son contrarios al marxismo. Indefectiblemente, el marxismo avanzará, progresará con el desarrollo de la práctica y no permanecerá estático. Quedaría sin vida si se estancara y se estereotipara. No obstante, nunca se pueden violar los principios básicos del marxismo; violarlos conduce a cometer errores. Es dogmatismo enfocar el marxismo desde el punto de vista metafísico y considerarlo como algo rígido. Es revisionismo negar los principios básicos del marxismo, la verdad universal del marxismo. El revisionismo es una variedad de la ideología burguesa. Los revisionistas borran lo que distingue al socialismo del capitalismo, a la dictadura del proletariado de la dictadura burguesa. Lo que preconizan no es, de hecho, la línea socialista, sino la capitalista. En las circunstancias actuales, el revisionismo es más pernicioso que el dogmatismo. Una de nuestras importantes tareas presentes en el frente ideológico es desplegar la crítica al revisionismo.

Ibíd.

El revisionismo u oportunismo de derecha es una tendencia ideológica burguesa; es más peligroso que el dogmatismo. Los revisionistas, oportunistas de derecha, alaban de palabra el marxismo y también atacan el "dogmatismo". Pero lo que atacan es precisamente la quintaesencia del marxismo. Combaten o tergiversan el materialismo y la dialéctica; combaten o intentan debilitar la dictadura democrática popular y la dirección del Partido Comunista; combaten o intentan debilitar la transformación y la construcción socialistas. Incluso después de la victoria fundamental de la revolución socialista en nuestro país, queda todavía un cierto número de gentes que sueñan con restaurar el sistema capitalista; estas gentes luchan contra la clase obrera en todos los frentes, incluido el ideológico. Y en esta lucha, tienen en los revisionistas a sus mejores asistentes.

"Sobre el tratamiento correcto de las contradicciones en el seno del pueblo" (27 de febrero de 1957).

III. SOCIALISMO Y COMUNISMO

El comunismo es la ideología completa del proletariado y, a la vez, un nuevo sistema social. Esta ideología y este sistema social difieren de todos los demás, y son los más completos, progresistas, revolucionarios y racionales de la historia humana. La ideología y el sistema social del feudalismo ya pasaron al museo de la Historia. La ideología y el sistema social del capitalismo se han convertido en piezas de museo en una parte del mundo (la Unión Soviética), mientras que en los demás países se asemejan al "moribundo que se extingue como el sol tras las colinas de Occidente", y pronto serán también relegados al museo. Sólo la ideología y el sistema social comunistas, llenos de juventud y vitalidad, se

extienden por todo el mundo con el ímpetu
de una avalancha y la fuerza de un rayo.

"Sobre la nueva democracia"
(enero de 1940), *Obras Escogidas*, t. II.

El sistema socialista terminará por reem-
plazar al sistema capitalista; ésta es una ley
objetiva, independiente de la voluntad del
hombre. Por mucho que los reaccionarios
traten de frenar la rueda de la historia,
tarde o temprano se producirá la revolución y triunfará sin duda alguna.

"Discurso en la reunión del
Soviet Supremo de la URSS en
conmemoración del 40° aniversario de la Gran Revolución
Socialista de Octubre" (6 de noviembre de 1957).

Los comunistas nunca ocultamos nuestras
aspiraciones políticas. Nuestro programa
futuro o máximo es llevar a China a la
sociedad socialista y a la comunista. Esto
es definitivo y no admite duda. El nombre

de nuestro Partido y nuestra concepción marxista del mundo indican de manera inequívoca este supremo ideal para el futuro, infinitamente bello y luminoso.

"Sobre el gobierno de coalición" (24 de abril de 1945), *Obras Escogidas*, t. III.

Tomado en su conjunto, el movimiento revolucionario chino dirigido por el Partido Comunista de China abarca dos etapas: la revolución democrática y la socialista. Se trata de dos procesos revolucionarios esencialmente diferentes, y sólo después de consumado el primero, se puede emprender el segundo. La revolución democrática es la preparación necesaria para la revolución socialista, y la revolución socialista es la dirección inevitable para el desarrollo de la revolución democrática. El objetivo final por el cual luchan todos los comunistas es la instauración completa de la sociedad socialista y de la comunista.

"La revolución china y el Partido Comunista de China" (diciembre de 1939), *Obras Escogidas*, t. II.

La revolución socialista tiene por objetivo liberar las fuerzas productivas. La transformación de la propiedad individual en propiedad colectiva socialista dentro de la agricultura y la artesanía, y de la propiedad capitalista en propiedad socialista dentro de la industria y el comercio privados, libera necesariamente y en gran medida las fuerzas productivas. Se crean así las condiciones sociales para un inmenso desarrollo de la producción industrial y agrícola.

> Discurso ante la Conferencia Suprema de Estado (25 de enero de 1956).

Estamos realizando no sólo una revolución en el sistema social: la transformación de la propiedad privada en propiedad social, sino también una revolución en la técnica: la transformación de la producción artesanal en producción moderna, mecanizada y en gran escala. Ambas revoluciones se hallan ligadas entre sí. En la agricultura, dadas las condiciones de nuestro país, la cooperativización debe preceder al empleo de la gran maquinaria (en los países capitalistas la agricultura se desarrolla de modo capitalista). De ahí que en ningún caso podamos considerar la industria y la agricultura, la industrialización socialista y la transformación socialista de la agricultura, como dos cosas separadas y aisladas una de otra, ni podamos destacar una y subestimar la otra.

"Sobre el problema de la cooperativización agrícola" (31 de julio de 1955).

El nuevo sistema social acaba de establecerse y su consolidación requiere tiempo. No se puede suponer que el nuevo sistema queda totalmente consolidado en el momento de su establecimiento, pues ello es imposible. Tiene que ser consolidado paso a paso. Para su consolidación definitiva, es necesario no sólo llevar a cabo la industrialización socialista del país y perseverar en la revolución socialista en el frente económico, sino también realizar una lucha revolucionaria socialista y una educación socialista constantes y arduas en los frentes político e ideológico. Aparte de ello, se requiere la concurrencia de diversos factores internacionales.

> "Discurso ante la Conferencia Nacional del Partido Comunista de China sobre el Trabajo de Propaganda" (12 de marzo de 1957).

En China, la lucha para afianzar el sistema socialista, la lucha para decidir si vencerá el socialismo o el capitalismo, llevará todavía un período histórico muy largo. Pero todos debemos comprender que el nuevo sistema socialista será consolidado ineluctablemente. Construiremos un país socialista con una industria, una agricultura, una ciencia y una cultura modernas.

> *Ibíd.*

El número de intelectuales hostiles a nuestro Estado es muy reducido. A ellos les disgusta nuestro Estado, la dictadura del proletariado, y suspiran por la vieja sociedad. Cuando se les presenta la oportunidad, provocan disturbios e intentan derrocar al Partido Comunista y restaurar la vieja China. Entre el camino proletario y el burgués, entre el camino socialista y el capitalista, optan tercamente por el último. Y como este camino es impracticable, en realidad están dispuestos a entregarse al imperialismo, al feudalismo y al capitalismo burocrático. Estos individuos se encuentran en los círculos políticos, industriales y comerciales, culturales y docentes, científico-tecnológicos y religiosos, y son extremadamente reaccionarios.

Ibíd.

Problema serio es la educación del campesinado. La economía campesina es dispersa, y la socialización de la agricultura, a juzgar por la experiencia de la Unión Soviética, requerirá un tiempo largo y un trabajo minucioso. Sin la socialización de la agricultura, no habrá un socialismo completo y sólido.

"Sobre la dictadura democrática popular" (30 de junio de 1949), *Obras Escogidas*, t. IV.

Debemos tener la convicción de que, primero, las grandes masas campesinas están dispuestas a avanzar gradualmente por el camino socialista bajo la dirección del Partido, y, segundo, el Partido es capaz de dirigir al campesinado por este camino. Estos dos puntos constituyen la esencia de la cuestión, la corriente principal.

"Sobre el problema de la cooperativización agrícola" (31 de julio de 1955).

Los organismos dirigentes de las cooperativas deben establecer en su seno el predominio de los campesinos pobres y los nuevos campesinos medios de la capa inferior, dejando como fuerza auxiliar a los antiguos campesinos medios de la capa inferior y los antiguos y nuevos campesinos medios de la capa superior. Sólo así se podrá, en conformidad con la política del Partido, alcanzar la unidad entre los campesinos pobres y los medios, consolidar las cooperativas, fomentar la producción y llevar a cabo correctamente la transformación socialista de todo el campo. De otra manera, será imposible la unidad enrte los campesinos medios y los campesinos pobres, la consolidación de las cooperativas, el desarrollo de la producción y la transformación socialista de todo el campo.

Nota de introducción al artículo "Cómo el predominio en la cooperativa agrícola de Wutang, cantón de Kaoshan, distrito de Changsha, pasó de los campesinos medios a los campesinos pobres" (1955), *El auge socialista en el campo chino.*

Es necesario unirse con los campesinos medios, y es erróneo no hacerlo. Mas, ¿en quién deben apoyarse la clase obrera y el Partido Comunista en las zonas rurales para unirse con los campesinos medios y llevar a cabo la transformación socialista de todo el campo? Desde luego que únicamente en los campesinos pobres. Así fue en el pasado, cuando se desplegó la lucha contra los terratenientes y se realizó la reforma agraria, y así es hoy, cuando se desarrolla la lucha contra los campesinos ricos y los demás elementos capitalistas para llevar a cabo la transformación socialista de la agricultura. En las etapas iniciales de ambos períodos revolucionarios, los campesinos medios se muestran vacilantes. Resuelven incorporarse a la revolución sólo después de percibir la tendencia general de los acontecimientos y el triunfo cercano de la revolución. Los campesinos pobres deben trabajar entre los campesinos medios y ganárselos, para que la revolución vaya ampliándose de día en día hasta la victoria final.

> Nota de introducción al artículo "La lección del surgimiento de la 'cooperativa de los campesinos medios' y la 'cooperativa de los campesinos pobres' en el distrito de Fúan" (1955), *El auge socialista en el campo chino*.

39

Entre los campesinos acomodados se observa una grave tendencia al capitalismo. Esta tendencia se extenderá como una inundación si descuidamos en lo más mínimo nuestro trabajo político entre los campesinos, ya sea durante el movimiento de cooperativización o durante un período posterior muy largo.

Nota de introducción al artículo "Es necesario luchar resueltamente contra la tendencia al capitalismo" (1955), *El auge socialista en el campo chino.*

El movimiento de cooperativización agrícola ha sido, desde su mismo comienzo, una seria lucha ideológica y política. No se puede crear ninguna cooperativa sin pasar por esta lucha. Para poder construir un sistema social completamente nuevo en el sitio del viejo sistema, hay que limpiar el lugar. Invariablemente, los residuos de las viejas ideas que reflejan el viejo sistema subsisten por largo tiempo en la conciencia de la gente y no ceden con facilidad. Una cooperativa, después de establecida, tiene que pasar por muchas otras luchas antes de llegar a su consolidación. Incluso entonces, puede fracasar apenas relaje sus esfuerzos.

Nota de introducción al artículo "Una grave lección" (1955), *El auge socialista en el campo chino.*

Durante los últimos años, las fuerzas espontáneas del capitalismo han venido aumentando diariamente en el campo; en todas partes, han surgido nuevos campesinos ricos y muchos campesinos medios acomodados procuran hacerse campesinos ricos. Por otro lado, multitud de campesinos pobres siguen en la miseria por escasez de medios de producción: algunos se han endeudado y otros han vendido su tierra o la han arrendado. Si se deja que esta tendencia siga su curso, se irá agravando día a día la polarización en el campo. Los campesinos que hayan perdido su tierra y los que continúen en la pobreza, se quejarán de que hacemos poco para salvarlos de la ruina o para ayudarlos a salir de las dificultades. También se sentirán descontentos con nosotros los campesinos medios acomodados que se dirigen hacia el capitalismo, pues jamás podremos satisfacer sus demandas, a menos que queramos emprender el camino capitalista. ¿Puede permanecer sólida la alianza obrero-campesina en tales circunstancias? Claro que no. Este problema sólo puede resolverse sobre una base nueva, lo cual significa efectuar paso a paso la transformación socialista de toda la agricultura, simultáneamente con la realización gradual de la industrialización socialista y de la transformación socialista de la artesanía y de la industria y el comercio capitalistas. En otras palabras, significa realizar la cooperativización y eliminar en el campo la economía de los campesinos ricos y la economía individual, para que prospere conjuntamente toda la población rural. Sostenemos que ésta es la única manera de consolidar la alianza obrero-campesina.

"Sobre el problema de la cooperativización agrícola" (31 de julio de 1955).

Por planificación total entendemos una planificación que tenga en cuenta a nuestros seiscientos millones de habitantes. Al formular los planes, manejar los asuntos o considerar los problemas, debemos partir del hecho de que China tiene una población de seiscientos millones de personas, hecho que no podemos olvidar jamás.

"Sobre el tratamiento correcto de las contradicciones en el seno del pueblo" (27 de febrero de 1957).

Además de la dirección del Partido, es factor decisivo nuestra población de seiscientos millones. Más gente significa mayor riqueza de ideas, más entusiasmo y más energía. Las masas populares nunca han estado tan animadas y tan llenas de audacia y combatividad como ahora.

"Presentación de una cooperativa" (15 de abril de 1958).

Entre otras características de la población de seiscientos millones de China, se destaca su "pobreza y desnudez". Esta parece una cosa mala, pero en realidad es buena. La pobreza impulsa el anhelo de cambio, de acción, de revolución. En una hoja de papel en blanco, desnuda, se pueden escribir las palabras más nuevas y hermosas y pintar los cuadros más originales y bellos.

Ibíd.

Después de conquistada la victoria de la revolución china en todo el país y resuelto el problema agrario, existirán todavía dos contradicciones fundamentales en China. La primera, de orden interno, es la contradicción entre la clase obrera y la burguesía; la segunda, de orden externo, es la contradicción entre China y los países imperialistas. En consecuencia, luego de la victoria de la revolución democrática popular, el Poder estatal de la república popular dirigido por la clase obrera no debe debilitarse, sino fortalecerse.

"Informe ante la II Sesión Plenaria del Comité Central elegido en el VII Congreso Nacional del Partido Comunista de China" (5 de marzo de 1949), *Obras Escogidas*, t. IV.

"¿No quieren ustedes abolir el Poder estatal?" Sí, queremos, pero no ahora; no podemos hacerlo todavía. ¿Por qué? Porque aún existe el imperialismo, porque aún existe la reacción interna, porque aún hay clases en el país. Nuestra tarea actual es fortalecer el aparato del Estado del pueblo — principalmente el ejército popular, la policía popular y los tribunales populares — a fin de consolidar la defensa nacional y proteger los intereses del pueblo.

"Sobre la dictadura democrática popular" (30 de junio de 1949), *Obras Escogidas*, t. IV.

Nuestro Estado es una dictadura democrática popular dirigida por la clase obrera y basada en la alianza obrero-campesina. ¿Para qué esta dictadura? Su primera función es reprimir, dentro del país, a las clases y elementos reaccionarios, a los explotadores que oponen resistencia a la revolución socialista y a los que sabotean nuestra construcción socialista; es decir, resolver las contradicciones internas entre nosotros y el enemigo. Por ejemplo, entra en el radio de acción de nuestra dictadura arrestar, juzgar y condenar a cierto número de elementos contrarrevolucionarios, y privar por un tiempo determinado de derechos electorales y libertad de expresión a los terratenientes y capitalistas burocráticos. Para mantener el orden público y defender los intereses de las masas populares, es necesario igualmente ejercer la dictadura sobre los ladrones, estafadores, incendiarios, asesinos, bandas de malhechores y otros elementos perniciosos que alteran seriamente el orden público. La segunda función de esta dictadura es defender a nuestro país de la subversión y posible agresión de los enemigos exteriores. En este caso, la dictadura toma sobre sí la tarea de resolver la contradicción externa entre nosotros y el enemigo. El objetivo de la dictadura es proteger a todo el pueblo para que pueda dedicarse al trabajo pacífico y pueda transformar a China en un país socialista con una industria, una agricultura, una ciencia y una cultura modernas.

> "Sobre el tratamiento correcto de las contradicciones en el seno del pueblo" (27 de febrero de 1957).

La dictadura democrática popular necesita la dirección de la clase obrera, porque la clase obrera es la más perspicaz, la más desinteresada y la más consecuentemente revolucionaria. Toda la historia de la revolución prueba que, sin la dirección de

la clase obrera, la revolución fracasa, y
que, con su dirección, la revolución triunfa.

"Sobre la dictadura democrática
popular" (30 de junio de 1949),
Obras Escogidas, t. IV.

La dictadura democrática popular se
basa en la alianza de la clase obrera, el
campesinado y la pequeña burguesía ur-
bana y, principalmente, en la alianza de
los obreros y los campesinos, porque estas
dos clases constituyen del 80 al 90 por
ciento de la población de China. El derrocamiento del imperialismo y de los
reaccionarios kuomintanistas se debe principalmente a la fuerza de estas dos clases.
La transición de la nueva democracia al
socialismo depende principalmente de la
alianza de estas dos clases.

Ibíd.

La lucha de clases, la lucha por la producción y la experimentación científica son
los tres grandes movimientos revoluciona-

rios para construir un poderoso país socialista. Constituyen una garantía real de que los comunistas se verán libres del burocratismo e inmunes al revisionismo y al dogmatismo, y permanecerán siempre invencibles; una garantía segura de que el proletariado, en unión con las amplias masas trabajadoras, podrá llevar adelante la dictadura democrática. Si no se desplegaran estos movimientos y se permitiera salir a escena a los terratenientes, campesinos ricos, contrarrevolucionarios, elementos nocivos y monstruos y demonios, mientras nuestros cuadros cerraran los ojos y muchos, en vez de distinguir entre los enemigos y nosotros, llegaran hasta colaborar con ellos y fueran corrompidos, divididos y desmoralizados por ellos, y, en consecuencia, fueran arrastrados al campo enemigo o los enemigos lograran infiltrarse en nuestras filas, y si muchos de nuestros obreros, campesinos e intelectuales cayeran víctimas de las tácticas blandas o duras del enemigo, entonces no haría falta mucho tiempo, tal vez unos cuantos años, o una década, o varias décadas a lo sumo, para que se pro-

dujera fatalmente una restauración contrarrevolucionaria a escala nacional, el partido
marxista-leninista se transformara en partido revisionista o en partido fascista, y
toda China cambiara de color.

Nota a los "Siete buenos docu-
mentos de la provincia de Che-
chiang acerca de la participación
de los cuadros en el trabajo ma-
nual" (9 de mayo de 1963), citada
en el artículo *Acerca del falso
comunismo de Jruschov y sus
lecciones históricas para el mundo.*

La dictadura democrática popular emplea dos métodos. Con los enemigos, emplea la dictadura, es decir, no les permite,
por el tiempo que sea necesario, tomar
parte en las actividades políticas, y los
obliga a obedecer las leyes del Gobierno
Popular, a trabajar y a transformarse en
gente nueva mediante el trabajo. Con el
pueblo, por el contrario, emplea la democracia y no la coacción; es decir, le permite
participar en las actividades políticas y no

lo obliga a hacer esto o aquello, sino que lo
educa y persuade por medios democráticos.

Discurso de clausura en la II Sesión del Primer Comité Nacional
de la Conferencia Consultiva
Política del Pueblo Chino (23 de
junio de 1950).

Bajo la dirección del Partido Comunista, el pueblo chino está desplegando un
vigoroso movimiento de rectificación a fin
de lograr que el socialismo en nuestro país
se desarrolle rápidamente sobre una base
aún más sólida. Se trata de un gran debate desplegado en la ciudad y el campo,
sobre cuestiones tales como el camino socialista frente al capitalista, el sistema
fundamental del Estado y sus importantes
principios políticos, el estilo de trabajo de
los cuadros del Partido y del Gobierno y
el bienestar del pueblo, un debate a escala
nacional que se desarrolla en forma dirigida, libremente, presentando hechos y
argumentos, un debate con miras a resolver
correctamente las contradicciones reales en
el seno del pueblo que exigen solución in-

mediata. Este es un movimiento socialista por la autoeducación y la autotransformación del pueblo.

> "Discurso en la reunión del Soviet Supremo de la URSS en conmemoración del 40° aniversario de la Gran Revolución Socialista de Octubre" (6 de noviembre de 1957).

La grandiosa labor de construcción nos plantea tareas extraordinariamente arduas. Aunque nuestro Partido tiene más de diez millones de militantes, ellos no constituyen sino una exigua minoría de la población total del país. En nuestros organismos estatales y otras instituciones públicas, una gran parte del trabajo tenemos que confiarlo a personas que no militan en el Partido. Si no sabemos apoyarnos en las masas populares, si no sabemos colaborar con las personas que no militan en el Partido, no podremos cumplir bien nuestro trabajo. A la vez que seguimos fortaleciendo la unidad de todo el Partido, debemos continuar reforzando la unidad de todas las nacionalidades, clases democráticas, partidos democráticos y organizaciones populares, fortaleciendo y ampliando nuestro frente único democrático popular. En cualquier sector de nuestro trabajo, debemos eliminar concienzudamente cualquier manifestación negativa que perjudique la unidad entre el Partido y el pueblo.

"Discurso de apertura en el VIII Congreso Nacional del Partido Comunista de China" (15 de septiembre de 1956).

IV. EL TRATAMIENTO CORRECTO DE LAS CONTRADICCIONES EN EL SENO DEL PUEBLO

Existen ante nosotros dos tipos de contradicciones sociales: contradicciones entre nosotros y el enemigo y contradicciones en el seno del pueblo. Estos dos tipos de contradicciones son de naturaleza completamente distinta.

> "Sobre el tratamiento correcto de las contradicciones en el seno del pueblo" (27 de febrero de 1957).

Para comprender acertadamente los dos diferentes tipos de contradicciones — contradicciones entre nosotros y el enemigo y contradicciones en el seno del pueblo —, es necesario, ante todo, precisar qué se entiende por "pueblo" y qué por "enemigo". [...] En la etapa actual, período de edificación del socialismo, integran el pueblo todas las clases, capas y grupos sociales que aprueban y apoyan la causa de la construcción socialista y participan en ella; son enemigos del pueblo todas las fuerzas y grupos sociales que oponen resistencia a la revolución socialista y se muestran hostiles a la construcción socialista o la sabotean.

Ibid.

En las condiciones actuales de China, las contradicciones en el seno del pueblo comprenden las contradicciones dentro de la clase obrera, dentro del campesinado y dentro de la intelectualidad; las contradicciones entre la clase obrera y el campesinado; las contradicciones entre los obreros y campesinos, por una parte, y los intelectuales, por otra; las contradicciones entre la clase obrera y los demás trabajadores, por una parte, y la burguesía nacional, por otra; las contradicciones dentro de la burguesía nacional, etc. Nuestro Gobierno Popular es un gobierno que representa realmente los intereses del pueblo, un gobierno que sirve al pueblo. Sin embargo, entre él y las masas populares también existen ciertas contradicciones. Estas incluyen las contradicciones entre los intereses estatales, los intereses colectivos y los intereses individuales, entre la democracia y el centralismo, entre dirigentes y dirigidos, y entre el estilo burocrático de trabajo de ciertos trabajadores gubernamentales y las masas. Todas éstas también son contradicciones en el seno del pueblo. Hablando en términos generales, las contradicciones en el seno del pueblo existen sobre la base de la identidad fundamental de los intereses de éste.

Ibíd.

Las contradicciones entre nosotros y el enemigo son antagónicas. En el seno del pueblo, las contradicciones entre las masas trabajadoras no son antagónicas, mientras que las contradicciones entre la clase explotada y la explotadora, además de su lado antagónico, tienen un lado no antagónico.

Ibíd.

¿Cómo juzgar, en el marco de la vida política de nuestro pueblo, si son correctas o erróneas nuestras palabras y actos? Consideramos que, con arreglo a los principios de nuestra Constitución, la voluntad de la aplastante mayoría de nuestro pueblo y las posiciones políticas comunes proclamadas en varias ocasiones por los partidos y grupos políticos de nuestro país, se pueden formular, en términos generales, los siguientes criterios:

1) Palabras y actos deben contribuir a unir, y no a dividir, a los pueblos de nuestras distintas nacionalidades;

2) Deben favorecer, y no perjudicar, la transformación y la construcción socialistas;

3) Deben contribuir a consolidar, y no a minar o debilitar, la dictadura democrática popular;

4)   Deben contribuir a afianzar, y no a socavar o debilitar, el centralismo democrático;

5)   Deben contribuir a fortalecer, y no a descartar o debilitar, la dirección del Partido Comunista;

6)   Deben favorecer, y no perjudicar, la unidad socialista internacional y la unidad de los pueblos de todo el mundo amantes de la paz.

De estos seis criterios, los más importantes son los relativos al camino socialista y a la dirección del Partido.

Ibíd.

La eliminación de los contrarrevolucionarios es una lucha, una contradicción, entre nosotros y el enemigo. Dentro del pueblo, hay gentes que consideran esta cuestión desde un punto de vista algo distinto. Dos tipos de personas tienen criterios diferentes del nuestro. Las que, con una mentalidad derechista, en vez de distinguir entre nosotros y el enemigo, toman al enemigo por gente nuestra y consideran amigos a los que las grandes masas miran como enemigos. Las que, con una mentalidad "izquierdista", exageran el alcance de las contradicciones entre nosotros y el enemigo hasta el punto de tomar como tales ciertas contradicciones en el seno del pueblo y considerar contrarrevolucionarias a personas que en realidad no lo son. Ambos puntos de vista son erróneos. Con ninguno de ellos se puede tratar correctamente el problema de la eliminación de los contrarrevolucionarios, ni apreciar en su justo valor nuestra labor a este respecto.

Ibíd.

Las contradicciones cualitativamente diferentes sólo pueden resolverse por métodos cualitativamente diferentes. Por ejemplo: la contradicción entre el proletariado y la burguesía se resuelve por medio de la revolución socialista; la contradicción entre las masas populares y el sistema feudal, por medio de la revolución democrática; la contradicción entre las colonias y el imperialismo, por medio de la guerra revolucionaria nacional; la contradicción entre la clase obrera y el campesinado en la sociedad socialista, por medio de la colectivización y la mecanización de la agricultura; las contradicciones en el seno del Partido Comunista, por medio de la crítica y la autocrítica; la contradicción entre la sociedad y la naturaleza, por medio del desarrollo de las fuerzas productivas. [...] Resolver contradicciones diferentes por métodos diferentes es un principio que los marxista-leninistas deben observar rigurosamente.

"Sobre la contradicción" (agosto de 1937), *Obras Escogidas*, t. I.

Las contradicciones entre nosotros y el enemigo y las existentes en el seno del pueblo, por ser de diferente naturaleza, deben resolverse por diferentes métodos. En pocas palabras, respecto a las primeras, la cuestión es establecer una distinción clara entre nosotros y el enemigo, y respecto a las segundas, establecer una distinción precisa entre lo correcto y lo erróneo. Por supuesto que distinguir entre nosotros y el enemigo es también cuestión de distinguir entre lo correcto y lo erróneo. Por ejemplo, la cuestión de precisar quién tiene la razón: nosotros o los reaccionarios nacionales y extranjeros, el imperialismo, el feudalismo y el capitalismo burocrático, se refiere asimismo a distinguir entre lo correcto y lo erróneo, pero se diferencia, por su naturaleza, de las cuestiones relativas a lo correcto y lo erróneo en el seno del pueblo.

> "Sobre el tratamiento correcto de las contradicciones en el seno del pueblo" (27 de febrero de 1957).

Los problemas de carácter ideológico y los problemas de controversia en el seno del pueblo, pueden resolverse únicamente por métodos democráticos, por medio de la discusión, la crítica, la persuasión y educación, y no por métodos coactivos o represivos.

> *Ibíd.*

A fin de poder dedicarse fructíferamente a la producción y al estudio y vivir en un ambiente de orden, el pueblo exige que su Gobierno y los dirigentes de la producción y de las organizaciones culturales y educativas dicten apropiadas disposiciones administrativas con carácter obligatorio. Es de sentido común que sin ellas resulta imposible mantener el orden público. Las órdenes administrativas y el método de persuasión y educación se complementan mutuamente en la solución de las contradicciones en el seno del pueblo. Las disposiciones administrativas dictadas con el fin de mantener el orden público, deben ir acompañadas de la persuasión y educación, ya que, en muchos casos, no dan resultado por sí solas.

Ibíd.

La burguesía y la pequeña burguesía exteriorizarán indefectiblemente su ideología. Se expresarán, obstinadamente y por todos los medios posibles, en las cuestiones políticas e ideológicas. No se puede esperar que no procedan así. No debemos

impedir mediante coacción que se manifies-
ten; al contrario, debemos permitirles que
lo hagan y, al mismo tiempo, debatir con
ellos y someterlos a una crítica adecuada.
Está fuera de duda que debemos criticar las
ideas erróneas de toda índole. Es evidente-
mente inadmisible abstenerse de criticar las
ideas equivocadas, contemplar con indiferencia cómo se difunden por todas partes
y permitirles monopolizar el mercado. Todo
error debe ser criticado y toda hierba ve-
nenosa, arrancada. Sin embargo, la crítica
no ha de ser dogmática; no hay que emplear el método metafísico, sino esforzarse
por aplicar el método dialéctico. Lo que
se necesita es análisis científico y argumentos plenamente convincentes.

Ibíd.

Es necesario criticar los defectos del
pueblo, [...] pero al hacerlo, debemos
adoptar verdaderamente la posición del
pueblo y hablar llenos del ardiente deseo
de protegerlo y educarlo. Tratar a los

camaradas como a enemigos es pasarse a la posición del enemigo.

"Intervenciones en el Foro de Yenán sobre Literatura y Arte" (mayo de 1942), *Obras Escogidas*, t. III.

La contradicción y la lucha son universales y absolutas, pero los métodos para resolver las contradicciones, esto es, las formas de lucha, varían según el carácter de las contradicciones. Algunas contradicciones tienen un carácter antagónico abierto, mientras otras no. De acuerdo con el desarrollo concreto de las cosas, algunas contradicciones, originalmente no antagónicas, se desarrollan y transforman en antagónicas, mientras otras, originalmente antagónicas, se desarrollan y transforman en no antagónicas.

"Sobre la contradicción" (agosto de 1937), *Obras Escogidas*, t. I.

En circunstancias regulares, las contradicciones en el seno del pueblo no son antagónicas. Sin embargo, pueden llegar a serlo si no las tratamos como es debido o si aflojamos nuestra vigilancia y nos adormecemos políticamente. En un país socialista, semejante caso no pasa de ser, por lo común, un fenómeno parcial y transitorio. Esto se explica porque ya se ha abolido el sistema de explotación del hombre por el hombre y los intereses del pueblo son, en lo fundamental, idénticos.

"Sobre el tratamiento correcto de las contradicciones en el seno del pueblo" (27 de febrero de 1957).

En nuestro país, la contradicción entre la clase obrera y la burguesía nacional pertenece a la categoría de las contradicciones en el seno del pueblo. La lucha de clases entre la clase obrera y la burguesía nacional es, en general, una lucha de clases dentro de las filas del pueblo, porque la burguesía nacional de China tiene un doble carácter. En el período de la revolución democrático-burguesa, su carácter era, por un lado, revolucionario y, por el otro, conciliador.

En el período de la revolución socialista, uno de los aspectos de su carácter es la explotación de la clase obrera para obtener ganancias, y el otro, su apoyo a la Constitución y su disposición a aceptar la transformación socialista. La burguesía nacional se diferencia de los imperialistas, la clase terrateniente y la burguesía burocrática. La contradicción entre la clase obrera y la burguesía nacional, como contradicción entre explotados y explotadores, es antagónica por naturaleza. Sin embargo, en las condiciones concretas de China, esta contradicción antagónica entre las dos clases, si la tratamos apropiadamente, puede transformarse en no antagónica y ser resuelta por medios pacíficos. Pero se convertirá en contradicción entre nosotros y el enemigo si no la tratamos como es debido, si no aplicamos la política de unirnos con la burguesía nacional, criticarla y educarla, o si la burguesía nacional no acepta esta política nuestra.

Ibíd.

[La rebelión contrarrevolucionaria en Hungría, en 1956, es un caso en que] los reaccionarios dentro de un país socialista, en confabulación con los imperialistas y explotando las contradicciones en el seno del pueblo, fomentaron disensiones y provocaron desórdenes, en el intento de alcanzar sus designios conspirativos. Merece la atención de todos esta lección de los acontecimientos de Hungría.

Ibid.

V. GUERRA Y PAZ

La guerra, que ha existido desde la aparición de la propiedad privada y las clases, es la forma más alta de lucha para resolver las contradicciones entre clases, naciones, Estados o grupos políticos, cuando estas contradicciones han llegado a una determinada etapa de su desarrollo.

> "Problemas estratégicos de la guerra revolucionaria de China" (diciembre de 1936), *Obras Escogidas*, t. I.

"La guerra es la continuación de la política." En este sentido, la guerra es política, y es en sí misma una acción política. No ha habido jamás, desde los tiempos antiguos, ninguna guerra que no tuviese un carácter político. [...]

Pero la guerra tiene sus características peculiares, y en este sentido, no es igual a la política en general. "La guerra es la continuación de la política por otros medios." Cuando la política llega a cierta etapa de su desarrollo, más allá de la cual no puede proseguir por los medios habituales, estalla la guerra para barrer el obstáculo del camino. [...] Cuando sea eliminado el obstáculo y conseguido nuestro objetivo político, terminará la guerra. Mientras no se elimine por completo el obstáculo, la guerra tendrá que continuar hasta que se logre totalmente el objetivo. [...] Se puede decir entonces que la política es guerra sin derramamiento de sangre, en tanto que la guerra es política con derramamiento de sangre.

"Sobre la guerra prolongada" (mayo de 1938), *Obras Escogidas*, t. II.

La historia demuestra que las guerras se dividen en dos clases: las justas y las injustas. Todas las guerras progresistas son justas, y todas las que impiden el progreso son injustas. Los comunistas nos oponemos a todas las guerras injustas, que impiden el progreso, pero no estamos en contra de las guerras justas, progresistas. Los comunistas, lejos de oponernos a estas últimas, participamos activamente en ellas. En cuanto a las guerras injustas, la Primera Guerra Mundial es un caso en que ambos bandos pelearon por intereses imperialistas; por lo tanto, los comunistas del mundo entero se opusieron resueltamente a ella. La forma de combatir una guerra de este tipo es hacer cuanto se pueda por prevenirla antes de que estalle y, si llega a estallar, oponer la guerra a la guerra, oponer la guerra justa a la guerra injusta, siempre que ello sea posible.

Ibíd.

En la sociedad de clases, las revoluciones y las guerras revolucionarias son inevitables; sin ellas, es imposible realizar saltos en el desarrollo social y derrocar a las clases dominantes reaccionarias, y, por lo tanto, es imposible que el pueblo conquiste el Poder.

"Sobre la contradicción" (agosto de 1937), *Obras Escogidas*, t. I.

La guerra revolucionaria es una antitoxina, que no sólo destruirá el veneno del enemigo, sino que también nos depurará de toda inmundicia. Toda guerra justa, revolucionaria, está dotada de una fuerza inmensa, capaz de transformar muchas cosas o abrir el camino a su transformación. La guerra chino-japonesa transformará a China y al Japón. Siempre que China persista en la Guerra de Resistencia y en el frente único, el viejo Japón será convertido en un nuevo Japón, y la vieja China, en una nueva China y, tanto en China como en el Japón, hombres y cosas se transformarán en el curso de esta guerra y después de ella.

"Sobre la guerra prolongada" (mayo de 1938), *Obras Escogidas*, t. II.

Todos los comunistas tienen que comprender esta verdad: "El Poder nace del fusil."

"Problemas de la guerra y de la estrategia" (6 de noviembre de 1938), *Obras Escogidas*, t. II.

La tarea central y la forma más alta de toda revolución es la toma del Poder por medio de la fuerza armada, es decir, la solución del problema por medio de la guerra. Este principio marxista-leninista de la revolución tiene validez universal, tanto en China como en los demás países.

Ibíd.

Sin la lucha armada, en China no habrá lugar para el proletariado, ni para el pueblo, ni para el Partido Comunista, y la revolución no podrá triunfar. Es en medio de guerras revolucionarias que nuestro Partido se ha desarrollado, consolidado y bolchevizado en los dieciocho años pasados; sin la lucha armada, el Partido Comunista no habría llegado a ser lo que es hoy. Ningún camarada del Partido debe olvidar jamás esta experiencia que hemos pagado con sangre.

"Presentación de *El Comunista*" (4 de octubre de 1939), *Obras Escogidas*, t. II.

Según la teoría marxista del Estado, el ejército es el principal componente del Poder estatal. Quienquiera que desee tomar el Poder estatal y retenerlo, tiene que contar con un poderoso ejército. Cierta gente nos ridiculiza calificándonos de partidarios de la "teoría de la omnipotencia de la guerra". Sí, somos partidarios de la teoría de la omnipotencia de la guerra revolucionaria; esta teoría no es mala, es buena, marxista. Con sus fusiles, los comunistas rusos crearon el socialismo. Nosotros crearemos una república democrática. La experiencia de la lucha de clases en la era del imperialismo nos demuestra que sólo mediante la fuerza del fusil la clase obrera y el resto de las masas trabajadoras pueden derrotar a la burguesía y la clase terrateniente armadas; en este sentido cabe afirmar que sólo con el fusil se puede transformar el mundo entero.

> "Problemas de la guerra y de la estrategia" (6 de noviembre de 1938), *Obras Escogidas*, t. II.

Somos partidarios de la abolición de la guerra; no deseamos la guerra. Pero la guerra sólo se puede abolir mediante la guerra. Para acabar con los fusiles, se debe empuñar el fusil.

> *Ibíd.*

La guerra, ese monstruo de matanza entre los hombres, será finalmente eliminada por el progreso de la sociedad humana y lo será en un futuro no lejano. Pero sólo hay un medio para eliminarla: oponer la guerra a la guerra, oponer la guerra revolucionaria a la guerra contrarrevolucionaria, oponer la guerra revolucionaria nacional a la guerra contrarrevolucionaria nacional y oponer la guerra revolucionaria de clase a la guerra contrarrevolucionaria de clase. [...] Cuando la sociedad humana llegue a una etapa en que las clases y los Estados sean eliminados, ya no habrá guerras, contrarrevolucionarias o revolucionarias, injustas o justas. Esa será la era de la paz eterna para la humanidad. Al estudiar las leyes de la guerra revolucionaria partimos de la aspiración a eliminar todas las guerras. He aquí la línea divisoria entre nosotros, los comunistas, y todas las clases explotadoras.

> "Problemas estratégicos de la guerra revolucionaria de China" (diciembre de 1936), *Obras Escogidas*, t. I.

Nuestro país y los demás países socialistas necesitan la paz; también la necesitan los pueblos de todos los países del mundo. Los únicos que ansían la guerra y no quieren la paz son los grupos del capital monopolista del puñado de países imperialistas, que se enriquecen con la agresión.

"Discurso de apertura en el VIII Congreso Nacional del Partido Comunista de China" (15 de septiembre de 1956).

Para lograr una paz duradera en todo el mundo, debemos continuar desarrollando nuestra amistad y colaboración con todos los países hermanos del campo socialista y reforzar nuestra unidad con todos los países amantes de la paz. Tenemos que esforzarnos por establecer relaciones diplomáticas normales, sobre la base del respeto recíproco a la integridad territorial y la soberanía, de la igualdad de derechos y del beneficio mutuo, con todos los países que deseen vivir en paz con nosotros. Tenemos que prestar activo apoyo al movimiento de liberación e independencia nacionales de los países de Asia, Africa y América Latina, así como al movimiento por la paz y a las luchas justas de todos los países del mundo.

Ibíd.

En cuanto a los países imperialistas, debemos unirnos también con sus pueblos y esforzarnos por coexistir pacíficamente con estos países, comerciar con ellos y conjurar toda posible guerra. Sin embargo, de ningún modo debemos abrigar ideas ilusorias respecto a ellos.

"Sobre el tratamiento correcto de las contradicciones en el seno del pueblo" (27 de febrero de 1957).

Deseamos la paz. Sin embargo, si el imperialismo se empeña en desencadenar una guerra, no tendremos otra alternativa que tomar la decisión de combatir hasta el final y reemprender después nuestra construcción. Si se teme la guerra todos los días, ¿qué hacer cuando ésta finalmente se produzca? Primeramente, he dicho que el viento del Este prevalece sobre el viento del Oeste y que la guerra no estallará, y ahora agrego esta explicación acerca de la situación que surgirá en caso de estallar la guerra. De este modo, ambas posibilidades han sido tomadas en cuenta.

Intervención en la Conferencia de Representantes de los Partidos Comunistas y Obreros de Moscú (18 de noviembre de 1957).

En todos los países se discute ahora si estallará o no una tercera guerra mundial. Frente a esta cuestión, también debemos estar espiritualmente preparados y examinarla de modo analítico. Estamos resueltamente por la paz y contra la guerra. No obstante, si los imperialistas insisten en desencadenar una guerra, no debemos sentir temor. Nuestra actitud ante este asunto es la misma que ante cualquier otro "desorden": en primer lugar, estamos en contra; en segundo, no lo tememos. Después de la Primera Guerra Mundial apareció la Unión Soviética, con doscientos millones de habitantes; después de la Segunda Guerra Mundial surgió el campo socialista, que abarca a novecientos millones de seres. Puede afirmarse que si, a pesar de todo, los imperialistas desencadenan una tercera guerra mundial, otros centenares de millones pasarán inevitablemente al lado del socialismo, y a los imperialistas no les quedará ya mucho espacio en el mundo; incluso es probable que se derrumbe por completo todo el sistema imperialista.

"Sobre el tratamiento correcto de las contradicciones en el seno del pueblo" (27 de febrero de 1957).

Provocar disturbios, fracasar, volver a provocar disturbios, fracasar de nuevo, y así hasta la ruina: ésta es la lógica de los imperialistas y de todos los reaccionarios del mundo frente a la causa del pueblo, y nunca marcharán en contra de esta lógica. Esta es una ley marxista. Cuando decimos que "el imperialismo es feroz", queremos decir que su naturaleza nunca cambiará, que los imperialistas nunca abandonarán sus cuchillas de carnicero ni se convertirán jamás en Budas, y así hasta su ruina.

Luchar, fracasar, volver a luchar, fracasar de nuevo, volver otra vez a luchar, y así hasta la victoria: ésta es la lógica del pueblo, y él tampoco marchará jamás en contra de ella. Esta es otra ley marxista. La revolución del pueblo ruso siguió esta ley, y la ha seguido también la revolución del pueblo chino.

"Desechar las ilusiones, prepararse para la lucha" (14 de agosto de 1949), *Obras Escogidas*, t. IV.

La victoria de ningún modo debe hacernos relajar la vigilancia ante las frenéticas maquinaciones de los imperialistas y sus lacayos, que tratan de tomar venganza. Quienquiera que relaje la vigilancia quedará desarmado políticamente y se verá reducido a una posición pasiva.

"Discurso pronunciado en la Reunión Preparatoria de la Nueva Conferencia Consultiva Política" (15 de junio de 1949), *Obras Escogidas*, t. IV.

Los imperialistas y sus lacayos, los reaccionarios chinos, no se resignarán a su derrota en esta tierra nuestra. Seguirán confabulándose para combatir al pueblo chino por todos los medios posibles. Por ejemplo, enviarán subrepticiamente sus agentes a nuestro país para sembrar discordias y provocar disturbios. Eso es indudable; jamás se olvidarán de hacerlo. Otro ejemplo: los imperialistas instigarán a los reaccionarios chinos, e incluso les brindarán el concurso de sus propias fuerzas, para bloquear los puertos de China. Esto lo harán siempre que les sea posible. Además, si aún ansían aventuras, enviarán parte de sus tropas a invadir u hostigar nuestras zonas fronterizas, cosa que tampoco es imposible. Todo esto debemos tenerlo plenamente en cuenta.

Ibíd.

El mundo progresa y el futuro es brillante; nadie puede cambiar esta tendencia general de la historia. Debemos realizar entre el pueblo una propaganda constante sobre los progresos del mundo y su futuro luminoso, para que adquiera confianza en la victoria.

"Sobre las negociaciones de Chungching" (17 de octubre de 1945), *Obras Escogidas*, t. IV.

Los mandos y combatientes del Ejército Popular de Liberación de ningún modo deben relajar ni en lo más mínimo su voluntad de combate; toda idea que tienda a relajar la voluntad de combate o a subestimar al enemigo, es errónea.

"Informe ante la II Sesión Plenaria del Comité Central elegido en el VII Congreso Nacional del Partido Comunista de China" (5 de marzo de 1949), *Obras Escogidas*, t. IV.

VI. EL IMPERIALISMO
Y TODOS
LOS REACCIONARIOS
SON TIGRES DE PAPEL

Todos los reaccionarios son tigres de papel. Parecen temibles, pero en realidad no son tan poderosos. Visto en perspectiva, no son los reaccionarios sino el pueblo quien es realmente poderoso.

> "Conversación con la corresponsal norteamericana Anna Louise Strong" (agosto de 1946), *Obras Escogidas*, t. IV.

Así como en el mundo no hay nada sin doble naturaleza (ésta es la ley de la unidad de los contrarios), también el imperialismo y todos los reaccionarios tienen un doble carácter: son a la vez tigres auténticos y tigres de papel. En la historia, antes de conquistar el Poder y durante algún tiempo después de haberlo conquistado, la clase de los esclavistas, la clase terrateniente feudal y la burguesía eran vigorosas, revolucionarias y progresistas; eran tigres auténticos. Pero, con el tiempo, como sus contrarios — la clase de los esclavos, el campesinado y el proletariado — crecían y se fortalecían gradualmente, luchaban contra ellas y se volvían más y más formidables, estas clases gobernantes se transformaron poco a poco en su reverso, se transformaron en reaccionarias, en retrógradas, en tigres de papel, y finalmente fueron derrocadas, o serán derrocadas, por el pueblo. Las clases reaccionarias, retrógradas y decadentes conservaban este doble carácter incluso en la lucha a muerte que el pueblo sostenía contra ellas. Por una parte, eran tigres auténticos, devoraban a la gente, la devoraban por millones y decenas de millones. La causa de la lucha popular atravesaba un período de dificultades y penalidades y un camino lleno de recodos. En China, para destruir la dominación del imperialismo, el feudalismo y el capitalismo burocrático, el pueblo chino necesitó más de cien años y perdió decenas de millones de vidas antes de lograr la victoria en 1949. ¡Fíjense! ¿No eran tigres vivos, tigres de hierro, tigres auténticos? Sin embargo, al final se transformaron en tigres de papel, tigres muertos, tigres de requesón de soya. Estos son hechos históricos. ¿No ha visto u oído contar la gente tales hechos? ¡En verdad ha habido millares y decenas de millares de ellos! ¡Millares y decenas de millares! Por lo tanto, el imperialismo y todos los reaccionarios, mirados en su esencia, en perspectiva, desde el punto de vista estratégico, deben ser considerados como lo que son: tigres de papel. En esto se basa nuestro concepto estratégico. Por otra parte, también son tigres vivos, tigres de hierro, tigres auténticos, que devoran a la gente. En esto se basa nuestro concepto táctico.

Intervención en la reunión del Buró Político del Comité Central del Partido Comunista de China, celebrada en Wuchang (1° de diciembre de 1958), véase la nota explicativa a la "Conversación con la corresponsal norteamericana Anna Louise Strong", *Obras Escogidas*, t. IV.

He dicho que todos los reaccionarios, tenidos por fuertes, no son más que tigres de papel. La razón es que viven divorciados del pueblo. ¡Fíjense! ¿No era Hitler un tigre de papel? ¿No fue acaso derribado? También dije que el zar de Rusia, el emperador de China y el imperialismo japonés fueron todos tigres de papel. Como saben ustedes, todos ellos han sido derribados. El imperialismo norteamericano no ha sido derribado aún y tiene la bomba atómica. Estoy seguro de que asimismo será derribado. También es un tigre de papel.

Intervención en la Conferencia de Representantes de los Partidos Comunistas y Obreros de Moscú (18 de noviembre de 1957).

"Levantar una piedra para dejarla caer sobre los propios pies" es un dicho con que los chinos describimos el comportamiento de ciertos estúpidos. Los reaccionarios de todos los países pertenecen a esta especie de estúpidos. En fin de cuentas, sus persecuciones contra el pueblo revolucionario no sirven sino para ampliar e intensificar aún más las revoluciones populares. ¿Acaso las persecuciones del zar de Rusia y Chiang Kai-shek contra los pueblos revolucionarios no cumplieron precisamente esta función propulsora en las grandes revoluciones rusa y china?

"Discurso en la reunión del Soviet Supremo de la URSS en conmemoración del 40° aniversario de la Gran Revolución Socialista de Octubre" (6 de noviembre de 1957).

El imperialismo norteamericano invadió Taiwán, territorio de nuestro país, y lo ocupa desde hace ya nueve años. Recientemente, ha enviado sus fuerzas armadas a invadir y ocupar el Líbano. Los EE.UU. han establecido, a lo largo del mundo, centenares de bases militares en un gran número de países. El territorio chino de Taiwán, el Líbano y todas las bases militares de los EE.UU. en territorios extranjeros son como dogales echados al cuello del imperialismo norteamericano. Son los mismos norteamericanos, y nadie más, quienes fabricaron esos dogales, se los echaron al cuello y entregaron los extremos de las sogas al pueblo chino, a los pueblos árabes y a los demás pueblos del mundo que aman la paz y se oponen a la agresión. Mientras más tiempo permanezcan en esos lugares los agresores norteamericanos, más irán apretándose los dogales en torno a su cuello.

Discurso en la Conferencia Suprema de Estado (8 de septiembre de 1958).

El imperialismo no vivirá mucho porque perpetra toda clase de infamias. Sostiene con obstinación a los reaccionarios de los distintos países, hostiles a los pueblos. Ocupa por la fuerza muchas colonias, semicolonias y bases militares. Amenaza la paz con una guerra atómica. De esta manera, forzada por el imperialismo, más del 90 por ciento de la población mundial se está alzando o se alzará en masa a la lucha contra él. Pero el imperialismo aún está vivo; todavía hace y deshace en Asia, Africa y América Latina. En el mundo occidental, los imperialistas siguen oprimiendo a las masas populares de sus propios países. Esta situación ha de cambiar. Es tarea de los pueblos del mundo entero poner término a la agresión y opresión que realiza el imperialismo, principalmente el imperialismo norteamericano.

Entrevista con un corresponsal de la Agencia de Noticias Sinjua (29 de septiembre de 1958).

Con su despótica actuación en todas partes, el imperialismo norteamericano se ha convertido en el enemigo de los pueblos del mundo y se ha aislado cada vez más. Nadie que se niegue a ser esclavo se dejará atemorizar por las bombas atómicas y de hidrógeno en manos de los imperialistas norteamericanos. La marejada de indignación de los pueblos del mundo entero contra los agresores norteamericanos es irresistible. La lucha de los pueblos del mundo contra el imperialismo norteamericano y sus lacayos logrará indefectiblemente victorias aún mayores.

> "Declaraciones de apoyo al pueblo panameño en su justa lucha patriótica contra el imperialismo norteamericano" (12 de enero de 1964).

Si los grupos del capital monopolista de los EE.UU. se obstinan en llevar adelante su política de agresión y guerra, llegará inevitablemente el día en que sean ahorcados por los pueblos del mundo. Igual suerte correrán todos los cómplices de los EE.UU.

> Discurso en la Conferencia Suprema de Estado (8 de septiembre de 1958).

En el curso de un largo período hemos llegado a formarnos este concepto para la lucha contra el enemigo: estratégicamente, debemos desdeñar a todos nuestros enemigos, pero tácticamente, debemos tomarlos muy en serio. Es decir, al considerar el todo, debemos despreciar al enemigo, pero tenerlo muy en cuenta en cada una de las cuestiones concretas. Si no despreciamos al enemigo al considerar el todo, caeremos en el error de oportunismo. Marx y Engels no eran más que dos personas, pero ya en su tiempo declararon que el capitalismo sería derribado en todo el mundo. Sin embargo, al enfrentar las cuestiones concretas y a cada uno de los enemigos en particular, si no los tomamos muy en serio, cometeremos el error de aventurerismo. En la guerra, las batallas sólo pueden ser dadas una por una y las fuerzas enemigas, aniquiladas parte por parte. Las fábricas sólo pueden construirse una a una. Los campesinos sólo pueden arar la tierra parcela por parcela. Incluso al comer pasa lo mismo. Desde el punto de vista estratégico, tenemos en poco el consumir una comida: estamos seguros de poder terminarla. Pero en el proceso concreto de comer, lo hacemos bocado por bocado. No podemos engullir toda una comida de un golpe. Esto se llama solución por partes. Y en la literatura militar se llama destruir las fuerzas enemigas por separado.

> Intervención en la Conferencia de Representantes de los Partidos Comunistas y Obreros de Moscú (18 de noviembre de 1957).

Estimo que la situación internacional ha llegado ahora a un nuevo punto de viraje. Actualmente hay dos vientos en el mundo: el viento del Este y el viento del Oeste. Dice un proverbio chino: "O el viento del Este prevalece sobre el del Oeste, o el viento del Oeste prevalece sobre el del Este." Creo que la situación actual se caracteriza por que el viento del Este prevalece sobre el viento del Oeste. Es decir, las fuerzas del socialismo ya han llegado a ser abrumadoramente superiores a las del imperialismo.

> *Ibíd.*

VII. ATREVERSE A LUCHAR Y A CONQUISTAR LA VICTORIA

¡Pueblos de todo el mundo, uníos y derrotad a los agresores norteamericanos y a todos sus lacayos! Pueblos de todo el mundo, tened coraje, atreveos a luchar, desafiad las dificultades y avanzad en oleadas. Así el mundo entero pertenecerá a los pueblos. Los monstruos de toda especie serán liquidados.

> "Declaración en apoyo al pueblo del Congo (L) contra la agresión de los EE.UU." (28 de noviembre de 1964).

El Partido Comunista de China, habiendo hecho una apreciación serena de la situación

internacional y nacional a la luz de la ciencia del marxismo-leninismo, comprendía que
todos los ataques de los reaccionarios internos y externos no sólo debían sino que po-
dían ser desbaratados. Al aparecer en el
cielo nubarrones oscuros, señalamos que
esto no era sino un fenómeno temporal,
que la oscuridad pasaría pronto y saldría el
sol.

"La situación actual y nuestras
tareas" (25 de diciembre de 1947),
Obras Escogidas, t. IV.

En la historia de la humanidad, toda
fuerza reaccionaria a punto de perecer se
lanza invariablemente a una última y
desesperada embestida contra las fuerzas revolucionarias; a menudo sucede que algunos
revolucionarios se dejan engañar durante
cierto tiempo por este poderío aparente que
encubre su debilidad interna, y no logran
ver el hecho esencial de que el enemigo se

aproxima a su fin, en tanto que ellos mismos se acercan a la victoria.

"El punto de viraje en la Segunda Guerra Mundial" (12 de octubre de 1942), *Obras Escogidas*, t. III.

Si ellos [el Kuomintang] combaten, los liquidaremos definitivamente. Así es como se presentan las cosas: si nos atacan y los destruimos, se sentirán satisfechos; si los destruimos un poco, un poco satisfechos; si los destruimos más, más satisfechos todavía; si los destruimos por completo, completamente satisfechos. Los problemas de China son complejos, y nuestros cerebros deben funcionar también con cierta complejidad. Si nos atacan, combatiremos en respuesta; combatiremos para conquistar la paz.

"Sobre las negociaciones de Chungching" (17 de octubre de 1945), *Obras Escogidas,* t. IV.

Si el enemigo nos ataca y las condiciones son favorables para combatirlo, nuestro

Partido actuará en defensa propia para liquidarlo resuelta, definitiva, cabal y totalmente (no lanzarse al combate temerariamente, sino con la seguridad de vencer). De ningún modo debemos dejarnos intimidar por la arrogancia de los reaccionarios.

> "Circular del Comité Central del Partido Comunista de China sobre las negociaciones de paz con el Kuomintang" (26 de agosto de 1945), *Obras Escogidas*, t. IV.

En lo que concierne a nuestro deseo, no quisiéramos combatir ni un solo día. Pero si las circunstancias nos obligan a luchar, podemos hacerlo hasta el fin.

> "Conversación con la corresponsal norteamericana Anna Louise Strong" (agosto de 1946), *Obras Escogidas*, t. IV.

Estamos por la paz. Pero, mientras el imperialismo norteamericano no renuncie a sus arrogantes e irrazonables exigencias, ni a sus designios siniestros de extender la agresión, la única decisión posible para el pueblo chino es continuar la lucha al lado del pueblo coreano. No es que seamos belicistas. Estamos dispuestos a poner fin a la guerra inmediatamente y dejar los demás problemas para resolverlos más tarde. Pero el imperialismo norteamericano no quiere hacerlo así. Pues bien, ¡que continúe el combate! Estamos preparados para combatir con el imperialismo norteamericano cuantos años desee, combatir hasta que quiera parar, hasta la victoria completa de los pueblos chino y coreano.

> Discurso pronunciado en la IV Sesión del Primer Comité Nacional de la Conferencia Consultiva Política del Pueblo Chino (7 de febrero de 1953).

Debemos extirpar de nuestras filas toda idea que sea expresión de debilidad e impotencia. Es erróneo todo punto de vista que sobreestime la fuerza del enemigo y subestime la del pueblo.

"La situación actual y nuestras tareas" (25 de diciembre de 1947), *Obras Escogidas*, t. IV.

Los pueblos y naciones oprimidos no deben, en modo alguno, confiar su liberación a la "sensatez" del imperialismo y sus lacayos. Sólo podrán lograr la victoria fortaleciendo su unidad y perseverando en su lucha.

"Declaración contra la agresión al Sur de Vietnam y la matanza de su pueblo por la camarilla EE.UU.-Ngo Dinh Diem" (29 de agosto de 1963).

Sea cual fuere el momento en que estalle esta guerra civil de amplitud nacional, debemos encontrarnos bien preparados. Si se produce pronto, digamos mañana por la mañana, también tenemos que estar preparados. Ese es el primer punto. En la actual situación internacional y nacional, es posible que durante algún tiempo la guerra civil se mantenga limitada y con un carácter local. Ese es el segundo punto. Para lo primero debemos prepararnos, lo segundo es lo que existe desde hace tiempo. En resumen, debemos estar preparados. Si lo estamos, podremos afrontar apropiadamente toda clase de situaciones complicadas.

> "La situación y nuestra política después de la victoria en la Guerra de Resistencia contra el Japón" (13 de agosto de 1945). *Obras Escogidas*, t. IV.

VIII.   LA GUERRA
POPULAR

La guerra revolucionaria es la guerra de las masas, y sólo puede realizarse movilizando a las masas y apoyándose en ellas.

> "Preocupémonos por el bienestar de las masas, prestemos atención a nuestros métodos de trabajo" (27 de enero de 1934), *Obras Escogidas*, t. I.

¿Cuál es la verdadera muralla de hierro? Son las masas, los millones y millones de hombres que apoyan con toda sinceridad la revolución.   Esta es la verdadera muralla de hierro, que ninguna fuerza podrá romper, que en absoluto podrá romper.   La contrarrevolución no logrará destruirnos; por el contrario, nosotros la destruiremos a ella.

Uniendo a los millones y millones de hombres del pueblo en torno al gobierno revolucionario y desarrollando nuestra guerra revolucionaria, podremos aniquilar toda contrarrevolución y tomar el Poder en toda China.

Ibid.

El más rico manantial de fuerza para librar la guerra está en las masas populares. El Japón se atreve a atropellarnos principalmente porque las masas populares de China no están organizadas. Cuando este defecto sea superado, el agresor japonés se verá rodeado por los centenares de millones de hombres de nuestro pueblo puesto en pie, y, como un búfalo salvaje que irrumpe en un cerco de fuego, se estremecerá de pavor a nuestras solas voces y morirá abrasado en las llamas.

"Sobre la guerra prolongada" (mayo de 1938), *Obras Escogidas*, t. II.

Como los imperialistas cometen tantos atropellos contra nosotros, tenemos que tratarlos con toda seriedad. No solamente debemos poseer un poderoso ejército regular, sino también organizar contingentes de milicia popular en todas partes, de modo que los imperialistas, en caso de agredirnos, difícilmente puedan dar siquiera un paso en nuestro país.

Entrevista con un corresponsal de la Agencia de Noticias Sinjua (29 de septiembre de 1958).

Desde el punto de vista de la guerra revolucionaria en su conjunto, la guerra popular de guerrillas y las operaciones del Ejército Rojo, que es la fuerza principal, se complementan como las dos manos del hombre. Contar sólo con la fuerza principal, o sea, el Ejército Rojo, sin desarrollar la guerra popular de guerrillas, significaría luchar con una sola mano. En términos concretos, y especialmente desde el punto de vista de las operaciones militares, cuando hablamos de la población de la base de apoyo como un factor, queremos decir que contamos con un pueblo armado. Esta es la razón fundamental por la cual el enemigo considera peligroso aproximarse a nuestra base de apoyo.

"Problemas estratégicos de la guerra revolucionaria de China" (diciembre de 1936), *Obras Escogidas*, t. I.

No cabe duda que el desenlace de una guerra está determinado principalmente por las condiciones militares, políticas, económicas y naturales en que se encuentra cada una de las dos partes beligerantes. Pero no sólo por ellas; está determinado también por la capacidad subjetiva de las partes beligerantes para dirigir la guerra. Un jefe militar no puede pretender ganar la guerra traspasando los límites impuestos por las condiciones materiales, pero sí puede y debe esforzarse por vencer dentro de tales límites. El escenario de acción para un jefe militar está construido sobre las condiciones materiales objetivas, pero en este escenario puede dirigir magníficas acciones de épica grandiosidad.

Ibíd.

El objetivo de la guerra no es otro que "conservar las fuerzas propias y destruir las enemigas" (destruir las fuerzas enemigas significa desarmarlas o "privarlas de su capacidad para resistir", y no significa aniquilarlas todas físicamente). En las guerras antiguas, se usaban la lanza y el escudo: la lanza para atacar y destruir las fuerzas enemigas, y el escudo para defenderse y conservarse a sí mismo. Hasta hoy, las armas no son más que una extensión de la lanza y el escudo. El bombardero, la ametralladora, el cañón de largo alcance y los gases tóxicos son desarrollos de la lanza, en tanto que el refugio antiaéreo, el casco de acero, las defensas de hormigón y la careta antigás, lo son del escudo. El tanque es una nueva arma que combina las funciones de la lanza y el escudo. El ataque es el medio principal para destruir las fuerzas enemigas, pero no se puede prescindir de la defensa. El ataque se realiza con el objetivo inmediato de aniquilar las fuerzas del enemigo, pero al mismo tiempo para conservar las fuerzas propias, porque si no aniquilas al enemigo, serás aniquilado. La defensa tiene como objetivo inmediato conservar las fuerzas propias, pero al mismo tiempo es un medio de complementar el ataque o prepararse para pasar al ataque. La retirada pertenece a la categoría de la defensa y es una continuación de ésta, en tanto que la persecución es una continuación del ataque. Hay que señalar que la destrucción de las fuerzas enemigas es el objetivo primario de la guerra y la conservación de las fuerzas propias, el secundario, porque sólo se puede conservar eficazmente las fuerzas propias destruyendo las enemigas en gran número. Por lo tanto, el ataque, como medio principal para destruir las fuerzas del enemigo, es lo primario, en tanto que la defensa, como medio auxiliar para destruir las fuerzas enemigas y como uno de los medios para conservar las fuerzas propias, es lo secundario. Es cierto que en la práctica de la guerra, la defensa desempeña el papel principal en muchas ocasiones, mientras que en las demás lo desempeña el ataque, pero si la guerra se considera en su conjunto, el ataque sigue siendo lo primario.

"Sobre la guerra prolongada" (mayo de 1938), *Obras Escogidas*, t. II.

Todos los principios orientadores de las operaciones militares provienen de un solo principio básico: esforzarse al máximo por conservar las fuerzas propias y destruir las del enemigo. [. . .] ¿Cómo explicar entonces la promoción del espíritu heroico de autosacrificio en la guerra? Toda guerra impone un precio, a veces sumamente elevado. ¿No se contradice esto con el principio de "conservar las fuerzas propias"? En rigor no hay contradicción alguna; para decirlo con mayor exactitud, los dos aspectos son contrarios que se complementan. Porque el sacrificio es necesario no sólo para aniquilar las fuerzas del enemigo, sino también para conservar las propias; la "no conservación" (sacrificio o pago del precio) parcial y temporal es indispensable para la conservación permanente de las fuerzas propias en su conjunto. De este principio básico se desprende la serie de principios que guían todas las operaciones militares, desde los principios de tiro (ponerse a cubierto para conservarse y emplear al máximo la potencia de fuego para aniquilar al enemigo) hasta los principios estratégicos: todos ellos están impregnados del espíritu de ese principio fundamental. Todos los principios relativos a la técnica militar, a la táctica, a las campañas y a la estrategia, están orientados a asegurar la realización de este principio básico. El principio de conservar las propias fuerzas y destruir las del enemigo es la base de todos los principios militares.

"Problemas estratégicos de la guerra de guerrillas contra el Japón" (mayo de 1938), *Obras Escogidas*, t. II.

He aquí nuestros principios militares:

1. Asestar golpes primero a las fuerzas enemigas dispersas y aisladas, y luego

a las fuerzas enemigas concentradas y poderosas.

2. Tomar primero las ciudades pequeñas y medianas y las vastas zonas rurales, y luego las grandes ciudades.

3. Tener por objetivo principal el aniquilamiento de la fuerza viva del enemigo y no el mantenimiento o conquista de ciudades o territorios. El mantenimiento o conquista de una ciudad o un territorio es el resultado del aniquilamiento de la fuerza viva del enemigo, y, a menudo, una ciudad o territorio puede ser mantenido o conquistado en definitiva sólo después de cambiar de manos repetidas veces.

4. En cada batalla, concentrar fuerzas absolutamente superiores (dos, tres, cuatro y en ocasiones hasta cinco o seis veces las fuerzas del enemigo), cercar totalmente las fuerzas enemigas y procurar aniquilarlas por completo, sin dejar que nadie se escape de la red. En circunstancias especiales, usar el método de asestar golpes demoledores al enemigo, esto es, concentrar todas nuestras fuerzas para hacer

un ataque frontal y un ataque sobre uno o ambos flancos del enemigo, con el propósito de aniquilar una parte de sus tropas y desbaratar el resto, de modo que nuestro ejército pueda trasladar rápidamente sus fuerzas para aplastar otras tropas enemigas. Hacer lo posible por evitar las batallas de desgaste, en las que lo ganado no compensa lo perdido o sólo resulta equivalente. De este modo, aunque somos inferiores en el conjunto (hablando en términos numéricos), somos absolutamente superiores en cada caso y en cada batalla concreta, y esto nos asegura la victoria en las batallas. Con el tiempo, llegaremos a ser superiores en el conjunto y finalmente liquidaremos a todas las fuerzas enemigas.

5. No dar ninguna batalla sin preparación, ni dar ninguna batalla sin tener la seguridad de ganarla; hacer todos los esfuerzos por estar bien preparados para cada batalla y, en base a una comparación entre las condiciones nuestras y las del enemigo, esforzarnos por hacer segura nuestra victoria.

6. Poner en pleno juego nuestro estilo de lucha: valentía en el combate, espíritu de sacrificio, desprecio a la fatiga y tenacidad en los combates continuos (es decir, entablar combates sucesivos en un corto lapso y sin tomar reposo).

7. Esforzarse por aniquilar al enemigo en la guerra de maniobras. Al mismo tiempo, dar importancia a la táctica de ataque a posiciones con el propósito de apoderarse de los puntos fortificados y ciudades en manos del enemigo.

8. Con respecto a la toma de las ciudades, apoderarse resueltamente de todos los puntos fortificados y ciudades débilmente defendidos por el enemigo. Apoderarse, en el momento conveniente y si las circunstancias lo permiten, de todos los puntos fortificados y ciudades que el enemigo defienda con medianas fuerzas. En cuanto a los puntos fortificados y ciudades poderosamente defendidos por el enemigo, tomarlos cuando las condiciones para ello hayan madurado.

9. Reforzar nuestro ejército con todas las armas y la mayor parte de los hombres capturados al enemigo. La fuente principal de los recursos humanos y materiales para nuestro ejército está en el frente.

10. Aprovechar bien el intervalo entre dos campañas para que nuestras tropas descansen, se adiestren y consoliden. Los períodos de descanso, adiestramiento y consolidación no deben, en general, ser muy prolongados para no dar, hasta donde sea posible, ningún respiro al enemigo.

Estos son los principales métodos que emplea el Ejército Popular de Liberación para derrotar a Chiang Kai-shek. Han sido forjados por el Ejército Popular de Liberación en largos años de lucha contra los enemigos nacionales y extranjeros, y corresponden completamente a nuestra situación actual. [. . .] Nuestra estrategia y táctica se basan en la guerra popular y ningún ejército antipopular puede utilizarlas.

"La situación actual y nuestras tareas" (25 de diciembre de 1947), *Obras Escogidas*, t. IV.

Sin preparación, la superioridad de fuerzas no es superioridad real ni puede haber tampoco iniciativa. Sabiendo esta verdad, una fuerza inferior pero bien preparada, a menudo puede derrotar a una fuerza enemiga superior mediante ataques por sorpresa.

"Sobre la guerra prolongada" (mayo de 1938), *Obras Escogidas*, t. II.

IX. EL EJÉRCITO POPULAR

Sin un ejército popular, nada tendrá el pueblo.

"Sobre el gobierno de coalición" (24 de abril de 1945), *Obras Escogidas*, t. III.

Este ejército es fuerte porque todos sus hombres poseen una disciplina consciente; se han unido y luchan, no por los intereses privados de unos cuantos individuos o de un estrecho grupo, sino por los intereses de las amplias masas populares y de toda la nación. El único propósito de este ejército es mantenerse firmemente junto al pueblo chino y servirlo de todo corazón.

Ibíd.

El Ejército Rojo de China es una organización armada que ejecuta las tareas políticas de la revolución. Especialmente en el momento actual, el Ejército Rojo de ningún modo debe limitarse a combatir; además de combatir para destruir las fuerzas militares del enemigo, debe tomar sobre sí otras importantes tareas, tales como hacer propaganda entre las masas, organizarlas, armarlas, ayudarlas a establecer el Poder revolucionario, e incluso crear organizaciones del Partido Comunista. El Ejército Rojo no combate simplemente por combatir, sino para hacer propaganda entre las masas, organizarlas, armarlas y ayudarlas a establecer el Poder revolucionario. Sin estos objetivos, combatir carecerá de sentido, y el Ejército Rojo perderá su razón de ser.

"Sobre la rectificación de las ideas erróneas en el Partido" (diciembre de 1929), *Obras Escogidas*, t. I.

El Ejército Popular de Liberación es siempre un destacamento de combate. Aun después de la victoria nacional, continuará siéndolo durante el período histórico en que aún no hayan sido abolidas las clases en nuestro país y exista en el mundo el sistema imperialista. Respecto a este punto no debe haber ningún malentendido ni vacilación.

> "Informe ante la II Sesión Plenaria del Comité Central elegido en el VII Congreso Nacional del Partido Comunista de China" (5 de marzo de 1949), *Obras Escogidas*, t. IV.

Tenemos un ejército de combate y un ejército de trabajo. Nuestro ejército de combate lo constituyen el VIII Ejército y el Nuevo 4° Cuerpo de Ejército. No obstante, incluso este ejército de combate cumple dos tareas: combatir y producir. Contando con estos dos ejércitos, y siendo el ejército de combate diestro en ambas tareas y en el trabajo de masas, superaremos nuestras dificultades y derrotaremos al imperialismo japonés.

> "Organicémonos" (29 de noviembre de 1943), *Obras Escogidas*, t. III.

Nuestra defensa nacional será consolidada y no permitiremos que ningún imperialista vuelva a invadir nuestro territorio. Nuestras fuerzas armadas populares deben ser conservadas y ampliadas sobre la base del valeroso y probado Ejército Popular de Liberación. Dispondremos no sólo de un poderoso ejército, sino también de una aviación y una marina poderosas.

> Discurso de apertura en la I Sesión Plenaria de la Conferencia Consultiva Política del Pueblo Chino (21 de septiembre de 1949).

Nuestro principio es: el Partido manda al fusil, y jamás permitiremos que el fusil mande al Partido.

> "Problemas de la guerra y de la estrategia" (6 de noviembre de 1938), *Obras Escogidas*, t. II.

Todos nuestros mandos y combatientes deben tener siempre en cuenta que somos el gran Ejército Popular de Liberación, ejército dirigido por el gran Partido Comunista de China. A condición de que observemos constantemente las directivas del Partido, alcanzaremos la victoria.

"Manifiesto del Ejército Popular de Liberación de China" (octubre de 1947), *Obras Escogidas*, t. IV.

X. LA DIRECCIÓN DE LOS COMITÉS DEL PARTIDO

El sistema de comités del Partido es una importante institución partidaria que garantiza la dirección colectiva e impide que una sola persona acapare la gestión de los asuntos. Recientemente, se ha averiguado que en algunos organismos dirigentes (desde luego, no en todos) es práctica habitual que una sola persona acapare la gestión de los asuntos y resuelva los problemas importantes. En lugar de hacerlo la reunión del comité del Partido, una sola persona decide la solución de los problemas importantes, y los miembros del comité están allí únicamente para cubrir las formalidades. Las divergencias entre los miembros del comité no logran resolverse y se dejan pendientes por largo tiempo. Los miembros del comité del Partido mantienen entre sí una unidad sólo formal, y no real. Hay que cambiar esta situación. En adelante, es necesario establecer un sano sistema de reuniones del comité del Partido en todas partes, desde los burós del Comité Central hasta los comités de prefectura del Partido, desde los comités de frente hasta los comités de brigada, así como en los órganos del Partido de las zonas militares (subcomisiones de la Comisión Militar Revolucionaria o grupos dirigentes) y en los grupos dirigentes del Partido en los organismos gubernamentales, organizaciones populares, agencia de noticias y periódicos. Todos los problemas de importancia (no, desde luego, los problemas insignificantes ni aquéllos cuya solución, ya discutida y acordada en las reuniones, sólo necesita ponerse en práctica) deben someterse al comité para su discusión, de modo que los miembros del comité presentes expresen sin reservas su opinión y lleguen a claras y precisas decisiones, que luego serán ejecutadas por los miembros correspondientes. [. . .] Las reuniones del comité del Partido deben ser de dos clases, que no hay que confundir: reuniones del comité permanente y sesiones plenarias. Además, es necesario cuidar que entre la dirección colectiva y la responsabilidad personal no se exagere una de ellas desatendiendo la otra. En el ejército, los jefes tienen derecho a tomar decisiones de urgencia durante las operaciones y cuando las circunstancias lo exigen.

"Sobre el fortalecimiento del sistema de comités del Partido" (20 de septiembre de 1948), *Obras Escogidas*, t. IV.

El secretario de un comité del Partido debe saber actuar como un buen "jefe de escuadra". Un comité del Partido tiene de diez a veinte miembros; es como una escuadra del ejército, y el secretario, como el "jefe de la escuadra". Por cierto, no es fácil conducir bien esta escuadra. Cada buró o subburó del Comité Central dirige actualmente una vasta región y asume tareas muy pesadas. Dirigir no significa tan sólo decidir la orientación general y las medidas políticas específicas, sino también establecer los métodos de trabajo correctos. Aun cuando sean correctas la orientación general y las medidas políticas específicas, pueden surgir complicaciones si se desatienden los métodos de trabajo. Para cumplir su tarea de dirección, un comité del Partido debe apoyarse en los "hombres de la escuadra" y hacerles desempeñar plenamente su papel. Para ser un buen "jefe de escuadra", el secretario debe estudiar mucho e investigar a fondo. Al secretario o subsecretario le será difícil dirigir bien a los "hombres de la escuadra" si no se preocupa de realizar una labor de propaganda y organización entre ellos, si no sabe mantener buenas relaciones con los miembros del comité ni estudia cómo conducir con éxito las reuniones. Si los "hombres de la escuadra" no marchan a compás, ¡que ni piensen en dirigir decenas de millones de personas en el combate y en la construcción! Claro está que las relaciones entre el secretario y los miembros del comité se fundan sobre el principio de que la minoría debe someterse a la mayoría y, por lo tanto, difieren de las relaciones entre un jefe de escuadra y sus hombres. Decimos esto sólo a modo de analogía.

"Métodos de trabajo de los comités del Partido" (13 de marzo de 1949), *Obras Escogidas*, t. IV.

Colocar los problemas sobre la mesa. Esto lo deben hacer no sólo el "jefe de la escuadra", sino también los miembros del comité. No se debe hablar a espaldas de la gente. Cuando surge algún problema, hay que celebrar una reunión y colocar el problema sobre la mesa para discutirlo y tomar decisiones, y así el problema será resuelto. Si existen problemas y no se colocan sobre la mesa, permanecerán sin resolver por largo tiempo y hasta pueden seguir pendientes durante años. Entre el "jefe de la escuadra" y los miembros del comité debe haber mutua comprensión. Nada hay más importante que la comprensión, el apoyo y la amistad entre el secretario y los miembros del comité, entre el

Comité Central y sus burós, así como entre éstos y los comités regionales del Partido.

Ibíd.

"Intercambiar informaciones". Esto quiere decir que los miembros de un comité del Partido deben mantenerse mutuamente informados e intercambiar opiniones sobre los asuntos que hayan llegado a su conocimiento. Esto es de gran importancia para lograr un lenguaje común. Algunos no lo hacen así y, como los vecinos de que habla Laotsi, "no se visitan durante toda la vida, aunque cada uno oye el canto de los gallos y el ladrido de los perros de los otros". El resultado es que carecen de un lenguaje común.

Ibíd.

Consultar a los subordinados sobre lo que no se comprenda o no se conozca, y no expresar con ligereza aprobación o desaprobación. [. . .] Nunca debemos fingir saber lo que no sabemos; "no hay que sentir vergüenza de consultar a los de abajo", por el contrario, debemos escuchar las opiniones de los cuadros de los niveles inferiores. Ser alumno antes de llegar a ser maestro. Consultar a los cuadros de abajo antes de dar órdenes. [. . .] Lo que dicen los cuadros inferiores puede ser correcto y puede no serlo; es preciso analizarlo. Debemos escuchar las opiniones justas y actuar en concordancia con ellas. [. . .] Hay que escuchar también las opiniones equivocadas de abajo y es erróneo no prestarles ninguna atención; pero, en vez de seguirlas, es necesario criticarlas.

Ibíd.

Aprender a "tocar el piano". Al tocar el piano se mueven los diez dedos; no se puede mover sólo algunos y no los demás. No obstante, si pulsamos el teclado con los diez dedos a la vez, no saldrá ninguna melodía. Para producir buena música, los diez dedos deben moverse de manera rítmica y coordinada. El comité del Partido debe asir firmemente la tarea central y, al mismo tiempo, desplegar en torno a ésta el trabajo en otros terrenos. En la actualidad, tenemos que preocuparnos de muchos campos; debemos atender al trabajo en todas las regiones, unidades militares y departamentos, y no fijar nuestra atención únicamente en algunos problemas, dejando de lado los demás. Dondequiera que haya un problema, tenemos que pulsar la tecla correspondiente: éste es un método que debemos dominar. Algunos tocan bien el piano y otros mal, y hay una gran diferencia entre las melodías que producen unos y otros. Los camaradas de los comités del Partido deben aprender a "tocar el piano" bien.

Ibíd.

"Asir firmemente". Es decir, el comité del Partido no sólo debe "asir" sus tareas principales sino que las debe "asir firmemente". Se puede empuñar algo sólo cuando se lo agarra con firmeza, sin aflojar en lo más mínimo. Asir, pero no firmemente, es lo mismo que no asir. Naturalmente, no se puede empuñar nada con la mano abierta. Tampoco se empuña nada cuando se cierra

la mano como para tomar algo, sin apre-
tarla con fuerza. Algunos de nuestros
camaradas toman en sus manos las tareas
principales, pero no lo hacen con fuerza y,
por eso, no pueden realizar un buen trabajo.
No asir, no se puede; asir sin firmeza,
tampoco.

Ibid.

"Tener las cifras en la cabeza". Es decir,
debemos prestar atención al aspecto cuantitativo de una situación o problema y hacer
un análisis cuantitativo básico. Toda calidad se manifiesta en una cantidad determinada, sin cantidad no puede haber
calidad. Hasta la fecha, muchos de nuestros
camaradas todavía no comprenden que
deben prestar atención al aspecto cuantitativo de las cosas: las estadísticas básicas,
los principales porcentajes y los límites
cuantitativos que determinan las calidades
de las cosas. No tienen las "cifras" en la
cabeza y, en consecuencia, no pueden evitar
errores.

Ibid.

"Bando a la población". Hay que anunciar con anticipación las reuniones; esto es como colocar un "bando a la población", para que todo el mundo sepa qué se va a discutir y qué problemas hay para resolver y pueda así prepararse con tiempo. En algunos lugares se convocan reuniones de cuadros sin tener listos de antemano los informes ni los proyectos de resolución, y se los improvisa, mal que bien, cuando ya han llegado los participantes; esto recuerda el dicho: "Han llegado las tropas y los caballos, pero no está lista la comida ni el forraje". Eso no es bueno. No hay que apresurarse a convocar una reunión si no se ha preparado bien.

Ibíd.

"Menos pero mejores tropas, y una administración más simple". Charlas, discursos, artículos y resoluciones, todo debe ser claro y conciso. Del mismo modo, las reuniones no deben ser demasiado largas.

Ibíd.

Prestar atención a unirse en el trabajo con los camaradas cuyas opiniones difieren de las propias. Hay que tener presente este principio tanto en los organismos locales como en el ejército. Esto también se aplica a nuestras relaciones con las personas no pertenecientes al Partido. Hemos venido desde todos los rincones del país y debemos saber unirnos en el trabajo no sólo con los camaradas que comparten nuestras opiniones, sino también con los que sostienen opiniones diferentes.

Ibíd.

Guardarse de la arrogancia. Este es un problema de principio para todo dirigente, y es también una importante condición para mantener la unidad. No deben ser arrogantes ni siquiera quienes no hayan cometido errores graves y hayan logrado grandes éxitos en su trabajo.

Ibíd.

Trazar dos líneas divisorias. Primero, entre la revolución y la contrarrevolución, entre Yenán y Sían*. Algunos no comprenden que es preciso trazar esta línea divisoria. Por ejemplo, cuando combaten el burocratismo, hablan de Yenán como si aquí "no hubiera nada bueno", y no hacen la comparación ni la distinción entre el burocratismo en Yenán y el burocratismo en Sían. Cometen así un error fundamental. Segundo, dentro de las filas de la revolución es necesario hacer una clara distinción entre lo justo y lo erróneo, entre los éxitos y las deficiencias, y, además, poner en claro cuál de los dos aspectos es el principal y cuál el secundario. Por ejemplo, ¿representan los éxitos el 30 ó el 70 por ciento? No está bien subestimarlos, tampoco lo está exagerarlos. Hay que evaluar en forma global

---

*Yenán fue la sede del Comité Central del Partido Comunista de China desde enero de 1937 a marzo de 1947; Sían era el centro de la dominación reaccionaria del Kuomintang en el Noroeste de China. El camarada Mao Tsetung cita aquí las dos ciudades como símbolos de la revolución y de la contrarrevolución.

el trabajo de una persona y establecer si sus éxitos representan el 30 por ciento y sus errores el 70 por ciento, o a la inversa. Si los éxitos llegan al 70 por ciento, el trabajo de dicha persona debe ser aprobado en lo esencial. Sería enteramente incorrecto considerar los errores como lo principal cuando lo son, en realidad, los éxitos. Al examinar los problemas nunca debemos olvidarnos de trazar estas dos líneas divisorias: entre la revolución y la contrarrevolución, entre los éxitos y las deficiencias. Si tenemos presentes estas dos líneas divisorias, las cosas marcharán bien; de otro modo confundiremos la naturaleza de los problemas. Desde luego, establecer bien estas líneas divisorias requiere un estudio y un análisis cuidadosos. Debemos adoptar una actitud de análisis y estudio hacia cada persona y cada cuestión.

Ibíd.

Aplicar rigurosamente en el plano orgánico la democracia bajo una dirección centralizada. Esto se realizará conforme a las siguientes líneas:

1) Los organismos dirigentes del Partido deben tener una línea correcta de orientación y encontrar soluciones cuando surgen problemas, a fin de erigirse en auténticos centros de dirección.

2) Los organismos superiores deben conocer bien la situación de los organismos inferiores y la vida de las masas, a fin de tener una base objetiva para dirigir con acierto.

3) Ningún organismo del Partido, cualquiera que sea su nivel, debe resolver los problemas a la ligera. Toda decisión, una vez adoptada, debe ponerse en práctica con firmeza.

4) Todas las decisiones de alguna importancia de los organismos superiores del Partido deben ser transmitidas cuanto antes a los organismos inferiores y a los militantes de base del Partido. [. . .]

5) Los organismos inferiores y los militantes de base del Partido deben discutir en detalle las directivas de los organismos superiores, con el objeto de comprender a fondo su significado y

determinar los métodos para llevarlas a efecto.

> "Sobre la rectificación de las ideas erróneas en el Partido" (diciembre de 1929), *Obras Escogidas*, t. I.

XI. LÍNEA DE MASAS

El pueblo, y sólo el pueblo, es la fuerza motriz que hace la historia mundial.

> "Sobre el gobierno de coalición" (24 de abril de 1945), *Obras Escogidas*, t. III.

Las masas son los verdaderos héroes, en tanto que nosotros somos a menudo pueriles y ridículos; sin comprender esto, no podremos adquirir ni los conocimientos más elementales.

> "Prefacio y epílogo a 'Investigación rural'" (marzo y abril de 1941), *Obras Escogidas*, t. III.

Las masas populares poseen un poder creador ilimitado. Pueden organizarse y dirigir sus esfuerzos hacia los lugares y sectores de trabajo donde puedan poner en pleno juego su energía; pueden dirigir sus esfuerzos, tanto en extensión como en profundidad, hacia la producción y crear para sí un creciente número de instituciones de bienestar.

Nota de introducción al artículo "El excedente de mano de obra ha encontrado una salida" (1955), *El auge socialista en el campo chino*.

El actual ascenso del movimiento campesino es un acontecimiento grandioso. Dentro de poco, centenares de millones de campesinos en las provincias del Centro, el Sur y el Norte de China se levantarán como una tempestad, un huracán, con una fuerza tan impetuosa y violenta que nada, por poderoso que sea, los podrá contener. Romperán todas las trabas y se lanzarán por el camino de la liberación. Sepultarán a todos los imperialistas, caudillos militares, funcionarios corruptos, déspotas locales y *shenshi* malvados*. Todos los partidos y camaradas revolucionarios serán sometidos a prueba ante los campesinos y tendrán que decidir a qué lado colocarse. ¿Ponerse al frente de ellos y dirigirlos? ¿Quedarse a su zaga gesticulando y criticándolos? ¿Salirles al paso y combatirlos? Cada chino es libre para optar entre estas tres alternativas, pero los acontecimientos le obligarán a elegir rápidamente.

"Informe sobre la investigación del movimiento campesino en Junán" (marzo de 1927), *Obras Escogidas*, t. I.

---

*Los déspotas locales y los *shenshi* malvados eran los terratenientes, campesinos ricos, funcionarios retirados u hombres ricos en la vieja sociedad china quienes, aprovechándose de su influencia y poder, hacían y deshacían a su antojo en el campo o la ciudad. Como representantes políticos de la clase terrateniente en las localidades, controlaban el Poder local y manejaban los pleitos judiciales, se entregaban a la corrupción y llevaban una vida disoluta, cometían toda clase de fechorías y oprimían cruelmente al pueblo.

El auge de la transformación social en el campo, de la cooperativización agrícola, se observa ya en algunas zonas y pronto se extenderá a todo el país. Se trata de un vasto movimiento revolucionario socialista que abarca a más de quinientos millones de habitantes rurales, movimiento de singular importancia mundial. Debemos dirigirlo de manera activa, entusiasta y sistemática, y no hacerlo retroceder por un medio u otro. En el curso del movimiento se producen inevitablemente ciertas desviaciones, lo cual es comprensible, y no será difícil corregirlas. Los defectos o errores que se observen entre los cuadros y los campesinos, pueden ser superados o subsanados por ellos si les brindamos una ayuda activa.

> "Sobre el problema de la cooperativización agrícola" (31 de julio de 1955).

Existe latente en las masas un entusiasmo inagotable por el socialismo. Los que sólo saben seguir los caminos rutinarios aun en un período revolucionario, son absolutamente incapaces de percibir este entusiasmo. Están ciegos, todo es tinieblas delante suyo. A veces llegan hasta llamar erróneo a lo justo y confundir lo negro con lo blanco. ¿Acaso son pocas las personas de este tipo con que nos hemos encontrado? Los que sólo saben seguir los caminos trillados subestiman invariablemente el entusiasmo del pueblo. Cuando aparece una cosa nueva, la desaprueban y se precipitan a combatirla para admitir más tarde su derrota y hacerse un poco de autocrítica. Pero, ante la próxima cosa nueva, repiten de punta a cabo el mismo proceso. Esta es su manera de actuar frente a toda cosa nueva. Tales personas se ven siempre en la pasividad, nunca avanzan en los momentos críticos, y siempre hay que darles un fuerte empujón para que avancen un paso.

> Nota de introducción al artículo "Este cantón realizó la cooperativización en dos años" (1955), *El auge socialista en el campo chino.*

Durante más de veinte años, nuestro Partido ha llevado adelante diariamente el trabajo de masas, y desde hace más de diez años, viene hablando a diario de la línea de masas. Siempre hemos sostenido que la revolución debe apoyarse en las masas populares y contar con la participación de todos, y nos hemos opuesto a que se confíe sólo en unas cuantas personas que dictan órdenes. Sin embargo, algunos camaradas todavía no aplican a fondo la línea de masas en su trabajo; todavía se apoyan sólo en unas pocas personas y trabajan en un frío y quieto aislamiento. Una de las razones es que, cualquier cosa que hagan, nunca se muestran dispuestos a explicarla a los que ellos dirigen, y no saben cómo despertar su iniciativa y energía creadora. Subjetivamente, quieren que todos participen en el trabajo, pero no les dan a conocer lo que deben hacer ni la forma de hacerlo. De esta manera, ¿cómo puede esperarse que todos se pongan en movimiento y que las cosas se hagan bien? Para resolver este problema, lo esencial es, naturalmente, llevar a cabo una educación ideológica en el espíritu de la línea de masas; al mismo

tiempo, es necesario enseñar a esos camaradas muchos métodos concretos de trabajo.

"Charla a los redactores del *Diario de Shansi-Suiyuán*" (2 de
abril de 1948), *Obras Escogidas,* t. IV.

La experiencia de los últimos veinti-
cuatro años nos demuestra que toda tarea,
política y estilo de trabajo correctos res-
ponden a las demandas de las masas en
un tiempo y lugar determinados y nos
unen con ellas, y que toda tarea, política
y estilo de trabajo incorrectos van en
contra de las demandas de las masas en
determinado tiempo y lugar y nos apar-
tan de ellas. Enfermedades tales como el
dogmatismo, el empirismo, el autoritarismo,
el seguidismo, el sectarismo, el burocratismo y la arrogancia en el trabajo son indefectiblemente perjudiciales e intolerables y
toda persona que las padezca tiene que
superarlas, porque ellas nos alejan de las
masas.

"Sobre el gobierno de coalición"
(24 de abril de 1945), *Obras Escogidas*, t. III.

Para mantenernos vinculados con las masas, debemos actuar de acuerdo con sus necesidades y deseos. En todo trabajo que se realice para las masas, se requiere partir de sus necesidades y no del buen deseo de un individuo. Sucede con frecuencia que objetivamente las masas necesitan un cambio determinado, pero que subjetivamente no tienen todavía conciencia de esa necesidad y no están dispuestas o decididas a realizarlo. En tales circunstancias, debemos esperar con paciencia. No debemos realizar el cambio hasta que, por efecto de nuestro trabajo, la mayor parte de las masas haya adquirido conciencia de la necesidad de ese cambio y tenga el deseo y la decisión de hacerlo. De otro modo, nos aislaremos de las masas. Todo trabajo que requiera la participación de las masas resultará ser una mera formalidad y terminará en el fracaso si las masas no están conscientes de la necesidad de ese trabajo ni se muestran dispuestas a participar en él. [. . .] He aquí dos principios: uno es las necesidades reales de las masas, y no necesidades imaginadas por nosotros, y el otro, el deseo de las masas y la decisión que toman ellas mismas y no la que tomemos nosotros en su lugar.

"El frente único en el trabajo cultural" (30 de octubre de 1944), *Obras Escogidas*, t. III.

Nuestro Congreso debe llamar a todo el Partido a mantenerse vigilante y velar porque ningún camarada en ningún puesto de trabajo se aparte de las masas. Es necesario enseñar a cada camarada a amar a las masas populares y a escucharlas atentamente; a identificarse con las masas dondequiera que se encuentre y, en lugar de situarse por encima, sumergirse en ellas; a despertar a las masas y elevar su conciencia política de acuerdo con su nivel del momento, y ayudarlas, ciñéndose al principio de plena voluntariedad, a organizarse gradualmente y a desplegar paso a paso todas las luchas necesarias que permitan las condiciones internas y externas en un tiempo y lugar determinados.

"Sobre el gobierno de coalición" (24 de abril de 1945), *Obras Escogidas*, t. III.

Si tratáramos de pasar a la ofensiva cuando las masas aún no despiertan, esto sería aventurerismo. Si insistiéramos en conducir a las masas a hacer algo contra su voluntad, iríamos inevitablemente al fracaso. Si no avanzáramos cuando las masas exigen avanzar, esto sería oportunismo de derecha.

"Charla a los redactores del *Diario de Shansí-Suiyuán*" (2 de abril de 1948), *Obras Escogidas*, t. IV.

El autoritarismo es erróneo en cualquier tipo de trabajo, porque actúa por encima del nivel de conciencia política de las masas y viola el principio de voluntariedad, reflejando el mal de la precipitación. Nuestros camaradas no deben dar por sentado que lo que ellos comprenden también es comprendido por las masas. Para saber si las masas lo comprenden y están dispuestas a actuar, debemos ir a investigar en medio de ellas. Actuando así, podremos evitar el autoritarismo. También es erróneo el seguidismo en cualquier tipo de trabajo, porque significa rezagarse del nivel de conciencia política de las masas y violar el principio de dirigirlas en su avance, reflejando el mal de la lentitud. Nuestros camaradas no deben suponer que las masas no comprenden nada de lo que ellos todavía no han llegado a comprender. Ocurre con frecuencia que las masas se nos adelantan y están ansiosas de avanzar, mientras que nuestros camaradas son incapaces de actuar como dirigentes de las masas y, reflejando las opiniones de ciertos elementos atrasados y considerándolas equivocadamente como si fueran de las masas, se convierten en cola de esos elementos.

"Sobre el gobierno de coalición"
(24 de abril de 1945), *Obras Escogidas*, t. III.

Resumir las ideas de las masas y llevarlas luego a las masas para que éstas perseveren en ellas y las traduzcan en acción, y, de esta manera, formular ideas correctas de dirección: tal es el método fundamental de dirección.

"Algunas cuestiones sobre los métodos de dirección" (1° de junio de 1943), *Obras Escogidas*, t. III.

En todo el trabajo práctico de nuestro Partido, toda dirección justa es necesariamente "de las masas, a las masas". Esto significa: recoger las ideas (dispersas y no sistemáticas) de las masas y resumirlas (transformarlas en ideas sintetizadas y sistematizadas mediante el estudio) para luego llevarlas a las masas, propagarlas y explicarlas, de modo que las masas se apropien de ellas, perseveren en ellas y las traduzcan en acción; al mismo tiempo, comprobar en la acción la justeza de esas ideas; luego, volver a resumir las ideas de las masas y a llevarlas a las masas para que perseveren en ellas. Esto se repite infinitamente, y las ideas se tornan cada vez más justas, más vivas y más ricas de contenido. Tal es la teoría marxista del conocimiento.

Ibíd.

Debemos ir a las masas, aprender de ellas, sintetizar sus experiencias y deducir de éstas principios y métodos aún mejores y sistemáticos y, luego, explicarlos a las masas (hacer propaganda entre ellas) y llamarlas a ponerlos en práctica para resolver sus problemas y alcanzar la liberación y la felicidad.

"Organicémonos" (29 de noviembre de 1943), *Obras Escogidas*, t. III.

En nuestros organismos dirigentes de algunos lugares, hay quienes creen que basta con que los dirigentes conozcan la política del Partido y que no hay necesidad de darla a conocer a las masas. Esta es una de las razones fundamentales por la cual parte de nuestra labor no ha podido realizarse bien.

"Charla a los redactores del *Diario de Shansi-Suiyuán*" (2 de abril de 1948), *Obras Escogidas*, t. IV.

En todo movimiento de masas, debemos hacer una investigación y un análisis básicos del número de los partidarios activos, de los opositores y de los que mantienen una posición intermedia, y no tomar decisiones sin fundamento ni de manera subjetiva.

"Métodos de trabajo de los comités del Partido" (13 de marzo de 1949), *Obras Escogidas*, t. IV.

En cualquier lugar, las masas están integradas, en general, por tres categorías de personas: las relativamente activas, las intermedias y las relativamente atrasadas. Por eso, los dirigentes deben saber unir al pequeño número de activistas en torno a la dirección y, apoyándose en ellos, elevar el entusiasmo de los elementos intermedios y ganarse a los atrasados.

"Algunas cuestiones sobre los métodos de dirección" (1º de junio de 1943), *Obras Escogidas*, t. III.

Saber convertir la política del Partido en acción de las masas, saber conseguir que no sólo los cuadros dirigentes sino también las grandes masas conozcan y dominen cada movimiento y cada lucha que emprendamos: éste es un arte de dirección marxista-leninista. Es también lo que permite determinar si cometemos o no errores en nuestra labor.

"Charla a los redactores del *Diario de Shansí-Suiyuán*" (2 de abril de 1948), *Obras Escogidas*, t. IV.

Por activo que se muestre el grupo dirigente, su actividad no pasará de ser el infructuoso esfuerzo de un puñado de personas, a menos que sea combinada con la actividad de las masas. Por otra parte, la actividad de éstas, sin un firme grupo dirigente que la organice en forma apropiada, no puede mantenerse por mucho tiempo, ni desarrollarse en una dirección justa ni elevarse a un alto nivel.

"Algunas cuestiones sobre los métodos de dirección" (1° de junio de 1943), *Obras Escogidas*, t. III.

La actividad productora de las masas, sus intereses, sus experiencias y su estado de ánimo: todo esto debe ser objeto de la constante atención de los cuadros dirigentes.

Inscripción para la exposición de producción auspiciada por los organismos subordinados directamente al Comité Central del Partido Comunista de China y a su Comisión Militar, *Jiefang Ribao* de Yenán, 24 de noviembre de 1943.

Debemos prestar profunda atención a los problemas relativos a la vida de las masas, desde los problemas de la tierra y el trabajo hasta los del combustible, el arroz, el aceite y la sal. [. . .] Todos estos problemas relativos a la vida de las masas deben figurar en nuestro orden del día. Es preciso discutirlos y adoptar decisiones sobre ellos, ponerlas en práctica y verificar sus resultados. Debemos ayudar a las masas a comprender que nosotros representamos sus intereses y vivimos la misma vida que ellas. Debemos ayudarlas a que, partiendo de estas cosas, lleguen a la comprensión de las tareas aún más elevadas que hemos planteado, las de la guerra revolucionaria, de manera que apoyen la revolución, la extiendan por todo el país y, respondiendo a nuestros llamamientos políticos, luchen hasta el fin por la victoria de la revolución.

> "Preocupémonos por el bienestar de las masas, prestemos atención a nuestros métodos de trabajo" (27 de enero de 1934), *Obras Escogidas*, t. I.

XII. TRABAJO POLÍTICO

En aquel tiempo [durante la Primera Guerra Civil Revolucionaria (1924-1927) — *N. de la Red.*] fue instituido en el ejército el sistema de representantes del Partido y de departamentos políticos, sistema desconocido hasta entonces en la historia china y que cambió totalmente la fisonomía del ejército. El Ejército Rojo, fundado en 1927, y el VIII Ejército actual han heredado y desarrollado este sistema.

> "Entrevista con el corresponsal inglés James Bertram" (25 de octubre de 1937), *Obras Escogidas*, t. II.

Sobre la base de la guerra popular y de los principios de unidad entre el ejército y el pueblo, de unidad entre los mandos y los combatientes y de desintegración de las tropas enemigas, el Ejército Popular de Liberación ha desarrollado su vigorosa labor política revolucionaria, que constituye un importante factor para obtener la victoria sobre el enemigo.

> "La situación actual y nuestras tareas" (25 de diciembre de 1947), *Obras Escogidas*, t. IV.

Este ejército [el VIII Ejército y el Nuevo 4° Cuerpo de Ejército — *N. de la Red.*] ha creado un sistema de trabajo político indispensable para la guerra popular y cuyo objetivo es promover la unidad en sus propias filas, la unidad con las tropas amigas y la unidad con el pueblo, desintegrar las fuerzas enemigas y garantizar la victoria en el combate.

> "Sobre el gobierno de coalición" (24 de abril de 1945), *Obras Escogidas*, t. III.

El trabajo político es la arteria vital de todo nuestro trabajo económico. Esto es particularmente cierto en el período en que el sistema económico-social experimenta un cambio fundamental.

Nota de introducción al artículo "Una grave lección" (1955), *El auge socialista en el campo chino*.

"La célula del Partido se organiza a nivel de compañía"; ésta es una razón importante de por qué el Ejército Rojo se mantiene indestructible en medio de una lucha tan ardua.

"La lucha en las montañas Chingkang" (25 de noviembre de 1928), *Obras Escogidas*, t. I.

El trabajo político del VIII Ejército se rige por tres principios fundamentales. Primero, el principio de unidad entre oficiales y soldados, que significa erradicar las prácticas feudales en el ejército, prohibir los castigos corporales e insultos, implantar una disciplina consciente y crear un modo de vida en que oficiales y soldados comparten penas y alegrías. Gracias a esto, todo el ejército se encuentra estrechamente unido. Segundo, el principio de unidad entre el ejército y el pueblo, que supone: observar una disciplina que proscribe hasta el más leve perjuicio a los intereses del pueblo; hacer propaganda entre las masas, organizarlas y armarlas; aliviar sus cargas económicas, y reprimir a los traidores a la patria, que causan daño al ejército y al pueblo. Así el ejército se halla estrechamente unido con el pueblo y es bien acogido en todas partes. Tercero, el principio de desintegrar a las tropas enemigas y tratar con indulgencia a los prisioneros de guerra. Nuestra victoria no depende únicamente de las operaciones militares de nuestras tropas, sino también de la desintegración de las tropas enemigas.

"Entrevista con el corresponsal inglés James Bertram" (25 de octubre de 1937), *Obras Escogidas*, t. II.

Nuestras tropas deben atenerse a los principios correctos que rigen sus relaciones con el pueblo, con el gobierno y con el Partido, así como las relaciones entre los oficiales y los soldados, entre el trabajo militar y el político y entre los cuadros; jamás deben dejarse contaminar por el caudillismo militar. Los oficiales deben preocuparse por sus soldados y no mostrarse indiferentes hacia ellos ni recurrir a castigos corporales. El ejército debe preocuparse por el pueblo y no perjudicar nunca sus intereses; debe respetar al gobierno y al Partido y jamás "independizarse" de ellos.

"Organicémonos" (29 de noviembre de 1943), *Obras Escogidas*, t. III.

Nuestra política hacia los prisioneros capturados a las tropas japonesas, títeres o anticomunistas es ponerlos en libertad a todos, excepto a los que hayan incurrido en el odio profundo de las masas, que no merezcan otra cosa que la pena capital y cuya sentencia haya sido ratificada por las autoridades superiores. Debemos ganar para el servicio de nuestras fuerzas a gran número de los que han sido obligados a incorporarse a las fuerzas reaccionarias y que en mayor o menor grado se sienten inclinados hacia la revolución, y al resto de los prisioneros, dejarlos en libertad. Si vuelven a caer prisioneros, les daremos otra vez la libertad. No debemos insultarlos, ni despojarlos de sus efectos personales ni arrancarles confesiones, sino tratarlos sincera y afablemente. Esta es nuestra política con respecto a todos ellos, no importa cuán reaccionarios sean. Este es un medio muy eficaz para aislar al campo reaccionario.

"Sobre la política" (25 de diciembre de 1940), *Obras Escogidas*, t. II.

Las armas son un factor importante en la guerra, pero no el decisivo. El factor decisivo es el hombre, y no las cosas. Determinan la correlación de fuerzas no sólo el poderío militar y económico, sino también los recursos humanos y la moral. El poderío militar y económico es manejado por el hombre.

"Sobre la guerra prolongada" (mayo de 1938), *Obras Escogidas*, t. II.

La bomba atómica es un tigre de papel que los reaccionarios norteamericanos utilizan para asustar a la gente. Parece terrible, pero de hecho no lo es. Por supuesto, la bomba atómica es un arma de matanza en vasta escala, pero el resultado de una guerra lo decide el pueblo y no uno o dos nuevos tipos de armas.

"Conversación con la corresponsal norteamericana Anna Louise Strong" (agosto de 1946), *Obras Escogidas*, t. IV.

Los soldados constituyen los cimientos de un ejército. Si el ejército no está imbuido de un espíritu político progresista, si no se realiza, con este objetivo, un trabajo político progresista, será imposible alcanzar una auténtica unidad entre oficiales y soldados, despertar al máximo su entusiasmo por la Guerra de Resistencia y proveer una buena base para que nuestra técnica y nuestra táctica pongan en pleno juego su eficacia.

> "Sobre la guerra prolongada" (mayo de 1938), *Obras Escogidas*, t. II.

El punto de vista puramente militar está muy desarrollado entre una parte de los camaradas del Ejército Rojo. Se manifiesta en lo siguiente:

1. Estos camaradas consideran los asuntos militares y la política como opuestos entre sí y se niegan a reconocer que lo militar constituye tan sólo uno de los medios para cumplir las tareas políticas. Algunos van aún más lejos al afirmar que "si lo militar marcha bien, lo político naturalmente marchará bien; si lo militar no marcha bien, tampoco marchará bien lo político", concediendo así a los asuntos

militares una posición rectora sobre la política.

[. . .]

> "Sobre la rectificación de las ideas erróneas en el Partido" (diciembre de 1929), *Obras Escogidas*, t. I.

La educación ideológica es el eslabón clave que debemos empuñar firmemente en nuestro trabajo por unir a todo el Partido para la gran lucha política. De no proceder así, el Partido no podrá cumplir ninguna de sus tareas políticas.

> "Sobre el gobierno de coalición" (24 de abril de 1945), *Obras Escogidas*, t. III.

En los últimos tiempos, se ha debilitado la labor ideológica y política entre los intelectuales y jóvenes estudiantes, y han surgido algunas tendencias malsanas. A los ojos de algunos, ya es innecesario preocuparse de la política, del futuro de la patria o los ideales de la humanidad, y el marxismo, que estaba antes tan de moda, ya no lo está tanto. Para contrarrestar estas tendencias, debemos ahora intensificar nuestra labor ideológica y política. Tanto los intelectuales como los estudiantes deben estudiar con ahínco. A la par del estudio de sus especialidades, tienen que progresar ideológica y políticamente, y para eso deben estudiar el marxismo y los problemas políticos y de actualidad. No tener una correcta concepción política equivale a no tener alma. [...] Todos los departamentos y organizaciones deben responsabilizarse de la labor ideológica y política. Esto se aplica al Partido Comunista, a la Liga de la Juventud, a los departamentos gubernamentales encargados de esta labor y, con mayor razón, a los directores y profesores de los centros docentes.

> "Sobre el tratamiento correcto de las contradicciones en el seno del pueblo" (27 de febrero de 1957).

Gracias a la educación política, los soldados del Ejército Rojo han adquirido conciencia de clase y un conocimiento básico en lo que atañe a la necesidad de distribuir la tierra, establecer los órganos de Poder, armar a los obreros y campesinos, etc. Saben que están luchando para sí mismos, para la clase obrera y el campesinado. Por lo tanto, soportan sin quejarse las penalidades de la lucha. Cada compañía, batallón o regimiento tiene su comité de soldados, que representa los intereses de éstos y realiza el trabajo político y el de masas.

"La lucha en las montañas Chingkang" (25 de noviembre de 1928), *Obras Escogidas*, t. I.

El correcto desarrollo de la campaña de narración de los sufrimientos (sufrimientos infligidos al pueblo trabajador por la vieja sociedad y por los reaccionarios) y de las tres verificaciones (del origen de clase, del cumplimiento del deber y de la voluntad de lucha), elevó en gran medida la conciencia política de los mandos y combatientes de todo el ejército en la lucha por la emancipación de las masas trabajadoras explotadas, por la realización de la reforma agraria en todo el país y por la destrucción de la pandilla de Chiang Kai-shek, enemigo común del pueblo. Al mismo tiempo, fortaleció considerablemente la ya firme cohesión de todos los mandos y combatientes bajo la dirección del Partido Comunista. Sobre esta base, el ejército adquirió un mayor grado de pureza, fortaleció la disciplina, desplegó un movimiento de adiestramiento masivo de las tropas y siguió desarrollando, con una dirección eficaz y en completo orden, la democracia en los terrenos político, económico y militar. De esta forma, el ejército se ha unido como un solo hombre, aportando cada uno sus ideas y sus esfuerzos; no teme ningún sacrificio, sabe vencer las dificultades materiales y da prueba de intrepidez y heroísmo colectivos en la destrucción del enemigo. Un ejército como éste será invencible.

"Sobre la gran victoria en el Noroeste y el movimiento de educación ideológica de nuevo tipo en el Ejército de Liberación" (7 de marzo de 1948), *Obras Escogidas*, t. IV.

En los últimos meses, casi todas las unidades del Ejército Popular de Liberación han utilizado los intervalos entre las batallas para emprender un vasto trabajo de adiestramiento y consolidación. Esta labor se ha llevado a cabo con una dirección eficaz, en completo orden y de manera democrática. Con ello se ha estimulado el fervor revolucionario de las grandes masas de mandos y combatientes, se les ha hecho comprender con claridad el objetivo de la guerra, se han eliminado algunas tendencias ideológicas incorrectas y fenómenos indeseables existentes en el ejército, se ha educado a los cuadros y combatientes y ha crecido enormemente la capacidad de combate del ejército. De ahora en adelante, debemos continuar realizando este nuevo tipo de movimiento democrático de masas para la educación ideológica en el ejército.

"Discurso pronunciado en una conferencia de cuadros de la región liberada de Shansí-Suiyuán" (1° de abril de 1948), *Obras Escogidas*, t. IV.

La política educacional del Instituto Militar y Político Antijaponés es: firme y justa orientación política, abnegación y sencillez en el trabajo, flexibilidad y agilidad en la estrategia y la táctica. Estos son los tres elementos indispensables para la formación de un soldado revolucionario antijaponés, y es en concordancia con ellos como el personal del Instituto enseña y los alumnos estudian.

> "Ser atacado por el enemigo no es una cosa mala sino una cosa buena" (26 de mayo de 1939).

Nuestra nación ha tenido siempre un estilo de lucha tenaz, que debemos desarrollar. [. . .] El Partido Comunista, en particular, ha propugnado siempre una firme y justa orientación política, [...] Esta orientación es inseparable del estilo de lucha tenaz. Sin una orientación política firme y justa, no es posible promover ese estilo de lucha. Y sin un estilo así, tampoco es posible aplicar una firme y justa orientación política.

> "Discurso en el acto público de Yenán en celebración del Día Internacional del Trabajo" (1º de mayo de 1939).

Unidad, dinamismo, seriedad y vivacidad.

> Lema para el Instituto Político y Militar Antijaponés.

Lo que realmente cuenta en el mundo es actuar a conciencia, y el Partido Comunista es el que más se esfuerza en este sentido.

> Conversación con estudiantes y practicantes chinos en Moscú (17 de noviembre de 1957).

XIII. RELACIONES ENTRE OFICIALES Y SOLDADOS

Nuestro ejército se adhiere invariablemente a dos principios: primero, debemos ser implacables con el enemigo, aplastarlo y aniquilarlo; segundo, debemos ser bondadosos y unirnos con los nuestros, con el pueblo, los camaradas, nuestros superiores y subordinados.

> Discurso en la recepción ofrecida por el Comité Central del Partido en honor de la delegación de militares modelo en el estudio de las Unidades de Retaguardia (18 de septiembre de 1944).

Venimos de todos los rincones del país y nos une un objetivo revolucionario común. [...] Nuestros cuadros deben preocuparse por cada soldado, y todos los que integran las filas revolucionarias deben cuidarse entre sí, tenerse afecto y ayudarse mutuamente.

> "Servir al pueblo" (8 de septiembre de 1944), *Obras Escogidas*, t. III.

Hay que desplegar, en cada unidad del ejército, un movimiento de apoyo a los cuadros y preocupación por los soldados, llamando a los cuadros a preocuparse por los soldados y a éstos a apoyar a los cuadros. Unos y otros deben hacerse ver de manera franca los defectos y errores, y corregirlos rápidamente. De este modo se obtendrá una excelente unidad interna.

> "Las tareas para 1945" (15 de diciembre de 1944).

Muchos creen que son los métodos erróneos los que provocan tirantez en las relaciones entre oficiales y soldados, y entre ejército y pueblo; pero yo siempre les he dicho que la cuestión reside en la actitud fundamental (o el principio fundamental), que debe ser de respeto a los soldados y al pueblo. De esta actitud nacen la política, los métodos y las maneras apropiados. Si nos apartamos de esta actitud, la política, los métodos y las maneras serán inevitablemente erróneos, y no se lograrán en modo alguno buenas relaciones entre oficiales y soldados y entre ejército y pueblo. Nuestro trabajo político en el ejército tiene tres principios cardinales: primero, unidad entre oficiales y soldados; segundo, unidad entre ejército y pueblo, y tercero, desintegración de las fuerzas enemigas. Para aplicar eficazmente estos principios, hay que partir de la actitud fundamental de respeto a los soldados, al pueblo y a la dignidad humana de los prisioneros de guerra que hayan depuesto las armas. Quienes piensan que no se trata de una actitud fundamental sino de una cuestión técnica están muy equivocados y deben corregir su error.

"Sobre la guerra prolongada" (mayo de 1938), *Obras Escogidas*, t. II.

Al actuar entre los trabajadores, los comunistas deben emplear el método democrático de persuasión y educación y en ningún caso adoptar una actitud autoritaria o recurrir a la coacción. El Partido Comunista de China observa fielmente este principio marxista-leninista.

> "Sobre el tratamiento correcto de las contradicciones en el seno del pueblo" (27 de febrero de 1957).

Nuestros camaradas deben comprender que la reeducación ideológica supone un trabajo prolongado, paciente y minucioso, y no pueden pretender cambiar, sólo con unas cuantas conferencias o reuniones, la ideología de la gente, formada a lo largo de décadas de vida. La única forma de convencer es la persuasión, no la coacción. Esta última jamás logrará convencer a nadie. Es inútil todo intento de convencer por la fuerza. Semejante método puede utilizarse con el enemigo, pero de ningún modo con camaradas o amigos.

> "Discurso ante la Conferencia Nacional del Partido Comunista de China sobre el Trabajo de Propaganda" (12 de marzo de 1957).

Debemos trazar una línea divisoria entre el enemigo y nosotros, y no adoptar una posición antagónica hacia nuestros camaradas tratándolos como a enemigos. Al hablar, debemos hacerlo con el ardiente deseo de defender la causa del pueblo y de elevar su conciencia política, y en ningún momento ridiculizarlo o atacarlo.

Ibíd.

XIV. RELACIONES ENTRE EJÉRCITO Y PUEBLO

El ejército debe fundirse con el pueblo, de suerte que éste vea en él su propio ejército. Un ejército así será invencible, [. . .]

> "Sobre la guerra prolongada" (mayo de 1938), *Obras Escogidas*, t. II.

Hay que hacer comprender a cada camarada que, si nos apoyamos en el pueblo, creemos firmemente en el inagotable poder creador de las masas populares y, en consecuencia, confiamos en el pueblo y nos identificamos con él, podremos superar toda dificultad, y cualquier enemigo, en vez de aplastarnos, será aplastado por nosotros.

> "Sobre el gobierno de coalición" (24 de abril de 1945), *Obras Escogidas*, t. III.

Dondequiera que vayan, nuestros camaradas deben establecer buenas relaciones con las masas, preocuparse por ellas y ayudarlas a vencer sus dificultades. Deben unirse con las masas populares, y cuanto más numerosas sean las masas con las que se unan, tanto mejor.

"Sobre las negociaciones de Chungching" (17 de octubre de 1945), *Obras Escogidas*, t. IV.

En las regiones liberadas, el ejército debe apoyar al gobierno y preocuparse por el pueblo, y los órganos del Poder democrático, por su parte, deben dirigir al pueblo en su esfuerzo por apoyar al ejército y preocuparse por las familias de los combatientes de la Guerra de Resistencia. De esta manera, se harán aún mejores las relaciones entre ejército y pueblo.

"Sobre el gobierno de coalición" (24 de abril de 1945), *Obras Escogidas*, t. III.

En el ejército debe efectuarse un trabajo ideológico entre todos los mandos y combatientes para que comprendan cabalmente la importancia de apoyar al gobierno y preocuparse por el pueblo. Si el ejército cumple bien este deber, los organismos locales del Partido y del Poder y la población mejorarán, a su vez, sus relaciones con el ejército.

> "Orientación de nuestro trabajo para 1946 en las regiones liberadas" (15 de diciembre de 1945), *Obras Escogidas*, t. IV.

En las campañas de "apoyar al gobierno y preocuparse por el pueblo" y de "apoyar al ejército y preocuparse por las familias de los combatientes de la Guerra de Resistencia", las unidades del ejército y los organismos del Partido y del gobierno deben examinar a fondo sus respectivos defectos y errores cometidos en 1943, y corregirlos resueltamente en 1944. De ahora en adelante, en el primer mes de cada año lunar, se desarrollarán en todas las bases campañas como éstas. En el curso de ellas, se procederá a leer una y otra vez los compromisos de apoyar al gobierno y preocuparse por el pueblo, y de apoyar al ejército y preocuparse por las familias de los combatientes de la Guerra de Resistencia, y se efectuarán repetidas autocríticas ante las masas por toda arbitrariedad que hayan cometido las tropas en las bases de apoyo contra los cuadros del Partido y del gobierno o contra los civiles, y por las insuficiencias en la atención de éstos hacia las tropas (cada parte se criticará a sí misma y no a la otra), para que estos defectos y errores se enmienden definitivamente.

"Desplegar en las bases de apoyo las campañas de reducción de arriendos, de aumento de la producción y de apoyo del ejército al gobierno y preocupación por el pueblo" (1° de octubre de 1943), *Obras Escogidas*, t. III.

XV. DEMOCRACIA EN LOS TRES TERRENOS PRINCIPALES

Es preciso practicar en un grado apropiado la democracia en el ejército. Lo principal es abolir la práctica feudal de castigos corporales e insultos, y velar porque oficiales y soldados compartan penas y alegrías en la vida cotidiana. Una vez que esto se consiga, será alcanzada la unidad entre oficiales y soldados, aumentará extraordinariamente la capacidad combativa del ejército, y no habrá motivo para inquietarse por nuestra capacidad para sostener esta larga y encarnizada guerra.

"Sobre la guerra prolongada" (mayo de 1938), *Obras Escogidas*, t. II.

Pese a las duras condiciones de vida y los frecuentes combates, el Ejército Rojo se mantiene tan firme como antes; esto lo explica, además del papel del Partido, la práctica de la democracia en el ejército. Los oficiales no golpean a los soldados; oficiales y soldados reciben trato igual; los soldados gozan de libertad de reunión y de palabra; se ha terminado con las formalidades inútiles, y las finanzas se manejan a la vista de todos. [. . .] En China, la democracia la necesita no sólo el pueblo, sino también el ejército. El sistema democrático en el ejército es un arma importante para destruir aquellos rasgos propios de los ejércitos mercenarios feudales.

"La lucha en las montañas Chingkang" (25 de noviembre de 1928), *Obras Escogidas*, t. I.

La orientación del trabajo político en nuestro ejército consiste en desplegar sin reservas la actividad de los soldados, los mandos y el resto del personal, a fin de lograr, mediante un movimiento democrático bajo una dirección centralizada, tres objetivos principales: alto grado de unidad política, mejores condiciones de vida y un nivel superior de habilidad militar y preparación táctica. Las "tres verificaciones" y las "tres rectificaciones"* que actualmente se llevan a cabo con entusiasmo en las unidades de nuestro ejército, se orientan a lograr los dos primeros objetivos a través de la práctica de la democracia en lo político y económico.

---

* Las "tres verificaciones" y las "tres rectificaciones" constituyeron un importante movimiento para la consolidación del Partido y el reforzamiento de la educación ideológica en el ejército, que nuestro Partido efectuó en conexión con la reforma agraria durante la Guerra Popular de Liberación. Las "tres verificaciones" significaban, en las organizaciones locales del Partido, verificar el origen de clase, la ideología y el estilo de trabajo y, en el ejército, verificar el origen de clase, el cumplimiento del deber y la voluntad de lucha. Las "tres rectificaciones" significaban la consolidación de la organización, el fortalecimiento de la educación ideológica y la rectificación del estilo de trabajo.

La democracia en lo económico requiere que se asegure a los representantes elegidos por los soldados el derecho de secundar al mando de la compañía (sin pasar por encima de su autoridad) en la administración de las vituallas y otras provisiones.

La democracia en lo militar requiere que se realice, en los períodos de adiestramiento, una instrucción mutua entre oficiales y soldados y entre los mismos soldados, y que, en los períodos de combate, las compañías celebren reuniones grandes y pequeñas en el frente mismo. Bajo la dirección del mando de la compañía, hay que estimular a los soldados a discutir la manera de atacar y tomar las posiciones enemigas y de cumplir otras tareas del combate. Cuando la lucha se prolonga por algunos días, hay que celebrar varias de tales reuniones. Semejante democracia en lo militar fue practicada con gran éxito en la batalla de Panlung, Norte de Shensí, y en la batalla de Shichiachuang, región de Shansí-Chajar-Jopei. Se ha probado que esta práctica sólo trae beneficios y no causa perjuicio alguno.

"El movimiento democrático en el ejército" (30 de enero de 1948), *Obras Escogidas*, t. IV.

El Partido Comunista de China, que está empeñado en una grandiosa lucha, exige a todos sus organismos dirigentes, miembros y cuadros que desplieguen al máximo su iniciativa; sólo así será posible la victoria. Esta iniciativa ha de manifestarse concretamente en el poder creador de los organismos dirigentes, los cuadros y los miembros del Partido, en su sentido de la responsabilidad, en el vigor que pongan en el trabajo, en la audacia y habilidad con que planteen los problemas, expongan sus opiniones y critiquen los defectos, así como en la supervisión camaraderil que ejerzan sobre los organismos y cuadros dirigentes. De otro modo, la "iniciativa" carecerá de contenido. No obstante, el despliegue de dicha iniciativa depende del grado de democracia existente en la vida del Partido. Sin suficiente democracia en la vida del

Partido, resulta imposible desplegar esta iniciativa. Sólo en un ambiente democrático puede formarse una gran cantidad de hombres capaces.

"El papel del Partido Comunista de China en la guerra nacional" (octubre de 1938), *Obras Escogidas*, t. II.

A quienquiera, siempre que no sea un elemento hostil ni recurra a ataques virulentos, hay que permitirle hablar, y no importa que se equivoque. Los dirigentes a todos los niveles tienen la obligación de escuchar a los demás. Es necesario observar dos principios: 1) decir todo lo que se sabe y decirlo sin reservas; 2) no culpar al que habla sino tomar sus palabras como una advertencia. A menos que se observe auténtica y no falsamente el principio de "no culpar al que habla", será imposible lograr que se diga "todo lo que se sabe, y sin reservas".

"Las tareas para 1945" (15 de diciembre de 1944).

Dentro del Partido hay que educar a los militantes en los principios de la democracia para que comprendan qué se entiende por vida democrática, cuál es la relación entre la democracia y el centralismo y cómo poner en práctica el centralismo democrático. Sólo de este modo se puede desarrollar efectivamente la democracia en el seno del Partido y, al mismo tiempo, evitar el ultrademocratismo y la tendencia a dejar pasar las cosas, tendencia que socava la disciplina.

"El papel del Partido Comunista de China en la guerra nacional" (octubre de 1938), *Obras Escogidas*, t. II.

Tanto en el ejército como en las organizaciones locales, la democracia interna del Partido debe servir para fortalecer la disciplina e incrementar la capacidad combativa, y no para debilitarlas.

Ibíd.

Debemos extirpar en el plano teórico las raíces del ultrademocratismo. Es preciso señalar, en primer lugar, que el peligro del ultrademocratismo consiste en que perjudica e incluso desintegra por completo la organización del Partido y debilita e incluso destruye totalmente la capacidad combativa del Partido, imposibilitándolo para cumplir sus tareas de lucha y causando, por consiguiente, la derrota de la revolución. En segundo lugar, hay que señalar que el ultrademocratismo tiene su origen en la aversión individualista de la pequeña burguesía a la disciplina. Una vez introducida en el Partido, esta aversión se traduce en ideas ultrademocráticas en lo político y lo orgánico, ideas absolutamente incompatibles con las tareas de lucha del proletariado.

"Sobre la rectificación de las ideas erróneas en el Partido" (diciembre de 1929), *Obras Escogidas*, t. I.

XVI. EDUCACIÓN Y ADIESTRAMIENTO MILITAR

Nuestra política educacional debe permitir a todos aquellos que reciben educación desarrollarse moral, intelectual y físicamente y convertirse en trabajadores cultos y con conciencia socialista.

> "Sobre el tratamiento correcto de las contradicciones en el seno del pueblo" (27 de febrero de 1957).

En lo relativo a la educación de los cuadros en el trabajo o en las escuelas para cuadros, se establecerá la política de tomar como centro el estudio de los problemas prácticos de la revolución china y como guía los principios fundamentales del marxismo-leninismo, y se ha de descartar

el método de estudiar el marxismo-leninismo de manera estática y sin conexión con
la vida.

"Reformemos nuestro estudio"
(mayo de 1941), *Obras Escogidas*, t. III.

Lo más importante para una academia
militar es elegir el director y los instructores
y establecer la orientación de la enseñanza.

"Problemas estratégicos de la
guerra revolucionaria de China"
(diciembre de 1936), *Obras Escogidas*, t. I.

Si en una escuela de cien personas no
hay un grupo dirigente de varias personas
o una decena o más, formado de acuerdo
con las circunstancias reales (y no reunido
artificialmente) y compuesto de los profesores, empleados y estudiantes más activos,
rectos y despiertos, esa escuela ha de marchar mal.

"Algunas cuestiones sobre los
métodos de dirección" (1º de
junio de 1943), *Obras Escogidas*, t. III.

Todos los mandos y combatientes de nuestro ejército deben perfeccionar su arte militar, avanzar valientemente en esta guerra que será coronada con nuestra victoria, y liquidar a todos los enemigos en forma resuelta, definitiva, cabal y completa.

"Manifiesto del Ejército Popular de Liberación de China" (octubre de 1947), *Obras Escogidas*, t. IV.

Se atribuirá igual importancia a los aspectos político y militar del programa de un año de consolidación y adiestramiento que acaba de iniciarse, y se integrarán ambos aspectos. Al comienzo, se hará hincapié en el aspecto político, el mejoramiento de las relaciones entre oficiales y soldados, el fortalecimiento de la unidad interna y la promoción de un elevado entusiasmo en los cuadros y los combatientes. Sólo así se realizarán con facilidad la consolidación y el adiestramiento militares y se alcanzarán mejores resultados.

"Las tareas para 1945" (15 de diciembre de 1944).

En cuanto al método de adiestramiento, es indispensable desplegar el movimiento de adiestramiento de masas en el cual el oficial le enseña al soldado, el soldado le enseña al oficial y el soldado le enseña al soldado.

"Orientación de nuestro trabajo para 1946 en las regiones liberadas" (15 de diciembre de 1945), *Obras Escogidas*, t. IV.

Nuestra consigna en el adiestramiento de las tropas es: "El oficial le enseña al soldado, el soldado le enseña al oficial y el soldado le enseña al soldado". Los soldados tienen mucha experiencia práctica de combate. Los oficiales deben aprender de ellos; y cuando hagan suya la experiencia ajena, su capacidad será mayor.

"Charla a los redactores del *Diario de Shansí-Suiyuán*" (2 de abril de 1948), *Obras Escogidas*, t. IV.

En cuanto al programa de adiestramiento, el objetivo principal sigue siendo mejorar las técnicas de tiro, de carga a la bayoneta, de lanzamiento de granadas, etc., y el objetivo secundario, elevar la preparación táctica; hay que prestar particular atención a los ejercicios de combate nocturno.

"Orientación de nuestro trabajo para 1946 en las regiones liberadas" (15 de diciembre de 1945), *Obras Escogidas*, t. **IV.**

XVII. SERVIR AL PUEBLO

Debemos ser modestos y prudentes, prevenirnos contra el engreimiento y la precipitación, y servir de todo corazón al pueblo chino, [...]

"Dos destinos posibles de China"
(23 de abril de 1945), *Obras Escogidas*, t. III.

Servir de todo corazón al pueblo, sin apartarnos de las masas ni por un instante; partir en cada caso de los intereses del pueblo y no de los intereses de ningún individuo o pequeño grupo, e identificar nuestra responsabilidad ante el pueblo con nuestra responsabilidad ante los organismos dirigentes del Partido: tal es nuestro punto de partida.

"Sobre el gobierno de coalición"
(24 de abril de 1945), *Obras Escogidas*, t. III.

Los organismos estatales practican el centralismo democrático; deben apoyarse en las masas populares y su personal debe servir al pueblo.

"Sobre el tratamiento correcto de las contradicciones en el seno del pueblo" (27 de febrero de 1957).

El espíritu del camarada Bethune de total dedicación a los demás sin la menor preocupación de sí mismo, se expresaba en su infinito sentido de responsabilidad en el trabajo y en su infinito cariño por los camaradas y el pueblo. Cada comunista debe seguir su ejemplo.

[. . .]

Todos debemos aprender de su desinterés absoluto. Quien posea este espíritu puede ser muy útil al pueblo. La capacidad de un hombre puede ser grande o pequeña, pero basta con que tenga este espíritu para ser hombre de elevados sentimientos, hombre íntegro y virtuoso, hombre desprovisto de intereses triviales, hombre de provecho para el pueblo.

> "En memoria de Norman Bethune" (21 de diciembre de 1939), *Obras Escogidas*, t. II.

Nuestro Partido Comunista, así como el VIII Ejército y el Nuevo 4° Cuerpo de Ejército dirigidos por el Partido, son destacamentos de la revolución. Estos destacamentos nuestros están dedicados por entero a la liberación del pueblo y trabajan totalmente por los intereses del pueblo.

> "Servir al pueblo" (8 de septiembre de 1944), *Obras Escogidas*, t. III.

Todos nosotros, los cuadros, en cualquier puesto que estemos, somos servidores del pueblo, y cuanto hacemos va en servicio de él. ¿Cómo podemos entonces ser reacios a deshacernos de nuestros defectos?

> "Las tareas para 1945" (15 de diciembre de 1944).

Tenemos el deber de ser responsables ante el pueblo. Ser responsables ante el pueblo significa que cada palabra, cada acto y cada medida política nuestros deben concordar con los intereses del pueblo, y si cometemos errores, debemos corregirlos.

"La situación y nuestra política después de la victoria en la Guerra de Resistencia contra el Japón" (13 de agosto de 1945), *Obras Escogidas*, t. IV.

Allí donde hay lucha, hay sacrificios, y la muerte es cosa frecuente. Pero, para nosotros, que tenemos la mente puesta en los intereses del pueblo y en los sufrimientos de la inmensa mayoría, morir por el pueblo es la muerte digna. No obstante, debemos reducir al mínimo los sacrificios innecesarios.

"Servir al pueblo" (8 de septiembre de 1944), *Obras Escogidas*, t. III.

Todos los hombres han de morir, pero la muerte puede tener distintos significados. El antiguo escritor chino Sima Chien decía: "Aunque la muerte llega a todos, puede tener más peso que el monte Taishan o menos que una pluma." Morir por los intereses del pueblo tiene más peso que el monte Taishan; servir a los fascistas y morir por los que explotan y oprimen al pueblo tiene menos peso que una pluma.

Ibíd.

XVIII. PATRIOTISMO E INTERNACIONALISMO

¿Pueden los comunistas, que son internacionalistas, ser al mismo tiempo patriotas? Sostenemos que no sólo pueden sino deben serlo. El contenido concreto del patriotismo está determinado por las condiciones históricas. Existe el "patriotismo" de los agresores japoneses y de Hitler, y existe el patriotismo nuestro. Los comunistas deben oponerse resueltamente al "patriotismo" de los agresores japoneses y de Hitler. Los comunistas japoneses y alemanes son derrotistas con respecto a las guerras sostenidas por sus países. Recurrir a todos los medios posibles para hacer fracasar las guerras de los agresores japoneses y de Hitler, corresponde a los intereses de los pueblos japonés y alemán, y cuanto más

completa sea la derrota, tanto mejor. [...]
Esto se explica porque las guerras desatadas por los agresores japoneses y Hitler perjudican a los pueblos de sus propios países de la misma manera que a los demás pueblos del mundo. El caso de China es distinto, porque ella es víctima de la agresión. Por consiguiente, los comunistas chinos debemos unir el patriotismo con el internacionalismo. Somos a la vez internacionalistas y patriotas, y nuestra consigna es, "Luchar en defensa de la patria contra los agresores." Para nosotros, el derrotismo es un crimen, y luchar por la victoria en la Guerra de Resistencia contra el Japón, un deber ineludible. Porque solamente luchando en defensa de la patria podremos derrotar a los agresores y lograr la liberación nacional, y, sólo logrando la liberación nacional, el proletariado y los demás trabajadores podrán conquistar su propia emancipación. La victoria de China y la derrota de los imperialistas invasores constituirán una ayuda para los pueblos de

los demás países. De ahí que el patriotismo sea la aplicación del internacionalismo en las guerras de liberación nacional.

"El papel del Partido Comunista de China en la guerra nacional" (octubre de 1938), *Obras Escogidas*, t. II.

¿Qué espíritu impulsa a un extranjero a entregarse sin ningún móvil personal a la causa de la liberación del pueblo chino como a la suya propia? El espíritu del internacionalismo, el espíritu del comunismo, del cual todos los comunistas chinos debemos aprender. [...] Debemos unirnos con el proletariado de todos los países capitalistas, con el proletariado del Japón, Inglaterra, Estados Unidos, Alemania, Italia y demás países capitalistas; sólo así se podrá derrocar al imperialismo y alcanzar la liberación de nuestra nación y nuestro pueblo y de las otras naciones y pueblos del mundo. Este es nuestro internacionalismo, el internacionalismo que oponemos al nacionalismo estrecho y al patriotismo estrecho.

"En memoria de Norman Be-thune" (21 de diciembre de 1939), *Obras Escogidas*, t. II.

Para conquistar su completa liberación, los pueblos oprimidos deben apoyarse ante todo en su propia lucha y, sólo en segundo lugar, en la ayuda internacional. Los pueblos que hemos conquistado la victoria en nuestra revolución, debemos ayudar a los que aún están luchando por su emancipación. Este es nuestro deber internacionalista.

Conversación con amigos africanos (8 de agosto de 1963).

Los países socialistas son Estados de un tipo enteramente nuevo, donde las clases explotadoras han sido derribadas y el pueblo trabajador tiene en sus manos el Poder. En las relaciones entre estos países se aplica el principio del internacionalismo unido con el patriotismo. Estamos estrechamente ligados por intereses e ideales comunes.

"Discurso en la reunión del Soviet Supremo de la URSS en conmemoración del 40° aniversario de la Gran Revolución Socialista de Octubre" (6 de noviembre de 1957).

Los pueblos de los países del campo socialista deben unirse; los pueblos de los países de Asia, Africa y América Latina deben unirse; los pueblos de todos los continentes deben unirse; todos los países amantes de la paz deben unirse; todos los países sometidos a la agresión, control, intervención o atropello de los EE.UU. deben unirse, para formar el más amplio frente único contra la política de agresión y guerra del imperialismo norteamericano y en defensa de la paz mundial.

"Declaraciones de apoyo al pueblo panameño en su justa lucha patriótica contra el imperialismo norteamericano" (12 de enero de 1964).

Las cosas se desarrollan sin cesar. Han transcurrido sólo 45 años desde la Revolución de 1911, pero el aspecto de China ha cambiado por completo. Al cabo de otros 45 años, esto es, para el año 2001, a comienzos del siglo XXI, China habrá experimentado cambios aún mayores. Será un poderoso país industrial socialista. Y así tiene que ser. Con una superficie de 9.600.000 kilómetros cuadrados y una población de 600 millones de personas, China debe hacer una contribución comparativamente grande a la humanidad. Durante un largo período, su aporte ha sido muy reducido, y esto nos apena.

Pero seamos modestos, no sólo ahora, sino también después de 45 años. Seamos modestos siempre. En nuestras relaciones internacionales, los chinos debemos liquidar toda manifestación de chovinismo de gran potencia en forma resuelta, definitiva, cabal y completa.

"En memoria del Dr. Sun Yat-sen" (noviembre de 1956).

Nunca debemos adoptar una actitud altanera de chovinismo de gran potencia, ni envanecernos por la victoria de nuestra revolución o por los éxitos logrados en la construcción. Toda nación, grande o pequeña, tiene sus aspectos positivos y negativos.

"Discurso de apertura en el VIII Congreso Nacional del Partido Comunista de China" (15 de septiembre de 1956).

XIX. HEROÍSMO REVOLUCIONARIO

Este ejército tiene un espíritu intrépido; está decidido a vencer a todo enemigo y jamás se dejará someter. Sean cuales fueren las dificultades y penalidades, mientras quede un hombre, continuará luchando.

> "Sobre el gobierno de coalición" (24 de abril de 1945), *Obras Escogidas*, t. III.

Poner en pleno juego nuestro estilo de lucha: valentía en el combate, espíritu de sacrificio, desprecio a la fatiga y tenacidad en los combates continuos (es decir, entablar combates sucesivos en un corto lapso y sin tomar reposo).

> "La situación actual y nuestras tareas" (25 de diciembre de 1947), *Obras Escogidas*, t. IV.

Miles y miles de mártires han ofrendado heroicamente su vida en aras de los intereses del pueblo. ¡Mantengamos en alto su bandera y avancemos por el camino teñido con su sangre!

> "Sobre el gobierno de coalición" (24 de abril de 1945), *Obras Escogidas,* t. III.

Ser resuelto, no temer a ningún sacrificio y superar todas las dificultades para conquistar la victoria.

> "El Viejo Tonto que removió las montañas" (11 de junio de 1945), *Obras Escogidas*, t. III.

En el momento decisivo del avance de la Expedición al Norte, el frente único nacional, formado por el Kuomintang, el Partido Comunista y todos los sectores del pueblo y que encarnaba la causa de la liberación del pueblo chino fue destruido, junto con toda su política revolucionaria, por la traidora y antipopular política de "depuración del partido" y represión sangrienta adoptada por las autoridades del Kuomintang. [...] Desde entonces, la unidad fue reemplazada por la guerra civil, la democracia por la dictadura y la China luminosa por una China sumida en las tinieblas. Pero el Partido Comunista de China y el pueblo chino no fueron amedrentados, sometidos ni exterminados. Se pusieron de pie, se limpiaron las manchas de sangre, enterraron a los camaradas caídos y volvieron a la lucha. Enarbolando la gran bandera de la revolución, iniciaron la resistencia armada, y, en vastas zonas del territorio chino, establecieron órganos del Poder popular, llevaron a cabo la reforma agraria, crearon un ejército popular — el Ejército Rojo de China — y preservaron y aumentaron las fuerzas revolucionarias del pueblo chino.

> "Sobre el gobierno de coalición" (24 de abril de 1945), *Obras Escogidas*, t. III.

Ustedes tienen muchas buenas cualidades y han rendido grandes servicios, pero recuerden siempre que no deben caer en el engreimiento. Todo el mundo los respeta, y lo merecen; sin embargo, esto lleva fácilmente a la presunción. Si se envanecen, abandonan la modestia, dejan de esforzarse y pierden el respeto a los demás, a los cuadros y a las masas, ya no serán héroes y trabajadores modelo. Ha habido gente así en el pasado, y espero que ustedes no sigan su ejemplo.

"Aprendamos a hacer el trabajo económico" (10 de enero de 1945), *Obras Escogidas*, t. III.

En la lucha por aniquilar al enemigo y por restablecer y desarrollar la producción industrial y agrícola, ustedes han superado muchas dificultades y penalidades y han dado muestras de inmenso coraje, sabiduría e iniciativa. Son modelo para toda la nación china, columna vertebral en el avance victorioso de la causa popular en los distintos terrenos, seguro sostén del Gobierno

Popular y puente que une a éste con las grandes masas.

Mensaje de salutación en nombre del Comité Central del Partido Comunista de China a la Reunión Nacional de Representantes de los Héroes de Combate y Trabajadores Modelo (25 de septiembre de 1950).

Nuestra nación, la nación china, tiene coraje para combatir al enemigo hasta la última gota de sangre, determinación para recobrar con sus propias fuerzas todo cuanto ha perdido, y capacidad para levantarse sobre sus propios pies entre las demás naciones.

"Sobre la táctica de la lucha contra el imperialismo japonés" (27 de diciembre de 1935), *Obras Escogidas*, t. I.

XX. CONSTRUIR NUESTRO PAÍS CON LABORIOSIDAD Y ECONOMÍA

Debemos velar porque todos nuestros cuadros y todo nuestro pueblo tengan siempre presente que China es un gran país socialista, pero al mismo tiempo un país económicamente atrasado y pobre, y que esto es una contradicción muy grande. Para convertir nuestro país en país rico y poderoso, se requieren varios decenios de intensos esfuerzos, que suponen, entre otras cosas, la observancia de un riguroso régimen de economías y la lucha contra el despilfarro, o sea, la aplicación de la política de construir nuestro país con laboriosidad y economía.

"Sobre el tratamiento correcto de las contradicciones en el seno del pueblo" (27 de febrero de 1957).

Hay que administrar con laboriosidad y economía las fábricas, los establecimientos comerciales, las empresas estatales y cooperativas así como las demás empresas e instituciones. Hay que observar el principio de laboriosidad y economía en todas las actividades. Este principio de economizar es uno de los fundamentales en la economía socialista. China es un país grande, pero todavía muy pobre. Llevará décadas hacer de ella un país próspero. Aun entonces, tendremos que seguir aplicando el principio de laboriosidad y economía. Pero, es en las próximas décadas, en el período de los primeros planes quinquenales, cuando debemos promover particularmente la laboriosidad y la economía, dedicar una atención especial al régimen de economías.

Nota de introducción al artículo "Administrar las cooperativas con laboriosidad y economía" (1955), *El auge socialista en el campo chino*.

Allí donde estemos, debemos utilizar con la mayor economía nuestros recursos humanos y materiales, y de ningún modo ver sólo el momento presente, ni tolerar el despilfarro. Donde nos encontremos, a partir del primer año de trabajo hemos de pensar en los muchos años venideros, en la guerra prolongada por sostener, en la contraofensiva y en la reconstrucción después de expulsado el enemigo. Debemos, por un lado, guardarnos del despilfarro y, por el otro, esforzarnos por desarrollar la producción. En el pasado, algunas regiones pagaron caro el no haber hecho cálculos a largo plazo, el no haber prestado atención a la utilización económica de los recursos humanos y materiales, ni al desarrollo de la producción. He aquí una lección que debe llamar nuestra atención.

"Aprendamos a hacer el trabajo económico" (10 de enero de 1945), *Obras Escogidas*, t. III.

Con el objeto de acelerar la restauración y el desarrollo de la producción agrícola, así como la producción industrial en los poblados, debemos, en el curso de nuestra lucha para abolir el sistema feudal, esforzarnos al máximo por preservar, hasta donde sea posible, todos los medios de producción y de subsistencia utilizables, tomar medidas enérgicas contra quienes los destruyan o malgasten, combatir los excesos en las comidas y observar una economía estricta.

"Discurso pronunciado en una conferencia de cuadros de la región liberada de Shansí-Suiyuán" (1° de abril de 1948), *Obras Escogidas*, t. IV.

En lo que concierne a los gastos gubernamentales, debemos atenernos al principio de economía. Es necesario hacer comprender a todo el personal de los organismos gubernamentales que la corrupción y el despilfarro son crímenes gravísimos. La lucha contra la corrupción y el despilfarro ha dado ya algunos resultados, pero todavía se requieren nuevos esfuerzos. Economizar cada moneda para las necesidades de la guerra, para la causa revolucionaria y para nuestra construcción económica: tal es el principio que ha de orientar nuestra contabilidad.

"Nuestra política económica" (23 de enero de 1934), *Obras Escogidas*, t. I.

Entre muchos de nuestros cuadros crece ahora una tendencia peligrosa: negativa a compartir alegrías y penas con las masas y preocupación por la fama y el provecho personales. Esto es muy malo. En el curso de la campaña por aumentar la producción y hacer economías, debemos simplificar nuestras organizaciones y transferir cuadros a los niveles inferiores a fin de que un número considerable de éstos se reincorpore a la producción. Esta es una manera de vencer esa tendencia peligrosa.

"Sobre el tratamiento correcto de las contradicciones en el seno del pueblo" (27 de febrero de 1957).

Las labores productivas realizadas por el ejército con miras a autoabastecerse no sólo han mejorado sus condiciones de vida, aliviado la carga del pueblo y posibilitado con eso la ampliación del ejército, sino que, además, han dado de inmediato muchos otros resultados:

1) Mejoramiento de las relaciones entre oficiales y soldados. Al trabajar juntos en la producción, han llegado a una intimidad fraternal.

2) Una actitud más consciente hacia el trabajo. [. . .] Desde que el ejército comenzó la producción para su autoabastecimiento, se ha hecho más consciente su actitud hacia el trabajo y se han eliminado los hábitos propios del ocio.

3) Fortalecimiento de la disciplina. La disciplina del trabajo en la produc-

ción no debilita sino que fortalece la disciplina de los soldados en el combate y en su vida cotidiana.

4) Mejoramiento de las relaciones entre el ejército y el pueblo. Cuando las propias tropas empiezan a "llevar la casa", disminuyen y hasta desaparecen los abusos contra los bienes de la población civil. En el proceso de la producción, el ejército y la población civil intercambian trabajo y se ayudan mutuamente, y la amistad entre ellos se ve fortalecida.

5) Menos quejas en el ejército respecto a los órganos del Poder y mejores relaciones mutuas.

6) Impulso a la gran campaña popular por el desarrollo de la producción. Cuando el ejército toma parte en la producción, resulta más evidente la necesidad de que también lo hagan los organismos gubernamentales y otros, y lo hacen con mayor energía. De igual modo, como es natural, resulta más evidente la necesidad de una amplia campaña, que comprenda a todo el pueblo, para aumentar

la producción, y esa campaña también se lleva adelante con mayor energía.

> "Sobre la producción en el ejército para su autoabastecimiento y la importancia de los dos grandes movimientos por la rectificación del estilo de trabajo y por el desarrollo de la producción" (27 de abril de 1945), *Obras Escogidas*, t. III.

Algunos sostienen que si las fuerzas armadas se ocupan de la producción, no podrán combatir ni adiestrarse, y que si los organismos gubernamentales y otros también lo hacen, no podrán realizar su propio trabajo. Este argumento es falso. En los últimos años, nuestras fuerzas armadas de la región fronteriza, entregándose a actividades productivas en gran escala, se han provisto de alimento y ropa suficientes; al mismo tiempo, han realizado, con mejores resultados que antes, su adiestramiento y sus estudios políticos y culturales, y han fortalecido más la unidad, tanto dentro de sus filas como con el pueblo.

El año pasado, en las regiones del frente, aunque se llevaba a cabo una campaña por la producción en gran escala, se registraron enormes éxitos en el combate y se inició una campaña extensiva de adiestramiento. Y gracias a la producción, el personal de los organismos gubernamentales y otros ha mejorado sus condiciones de vida y trabaja con mayor dedicación y eficiencia. Esto ocurre tanto en la región fronteriza como en las regiones del frente.

"Aprendamos a hacer el trabajo económico" (10 de enero de 1945), *Obras Escogidas*, t. III.

XXI. APOYARSE EN LOS PROPIOS ESFUERZOS Y TRABAJAR DURO

¿Sobre qué base debe descansar nuestra política? Debe descansar en nuestra propia fuerza, y eso significa robustecernos mediante nuestros propios esfuerzos. No estamos solos; todos los países y pueblos del mundo que se oponen al imperialismo son nuestros amigos. Sin embargo, hacemos hincapié en apoyarnos en nuestros propios esfuerzos. Apoyándonos en las fuerzas que nosotros mismos organicemos, podemos derrotar a todos los reaccionarios chinos y extranjeros.

> "La situación y nuestra política después de la victoria en la Guerra de Resistencia contra el Japón" (13 de agosto de 1945), *Obras Escogidas*, t. IV.

Somos partidarios de apoyarnos en nuestros propios esfuerzos. Esperamos obtener ayuda extranjera, pero no debemos depender de ella. Confiamos en nuestros propios esfuerzos, en el poder creador de todo el ejército y de todo el pueblo.

> "Aprendamos a hacer el trabajo económico" (10 de enero de 1945), *Obras Escogidas*, t. III.

Triunfar en todo el país es sólo el primer paso de una gran marcha de diez mil *li*. [. . .] La revolución china es grandiosa, pero después de su victoria, el camino será aún más largo y nuestra tarea aún más grandiosa y ardua. Es éste un punto que hay que explicar desde ahora en el Partido, para que los camaradas sigan siendo modestos, prudentes y libres de arrogancia y precipitación en su estilo de trabajo, y perseveren en su estilo de vida sencilla y lucha dura.

> "Informe ante la II Sesión Plenaria del Comité Central elegido en el VII Congreso Nacional del Partido Comunista de China" (5 de marzo de 1949), *Obras Escogidas*, t. IV.

Hay que eliminar por completo toda idea existente entre nuestros cuadros de lograr victorias fáciles por obra de la buena suerte, sin una lucha dura y acerba, sin sudor y sangre.

> "Crear sólidas bases de apoyo en el Nordeste" (28 de diciembre de 1945), *Obras Escogidas*, t. IV.

Debemos realizar entre el pueblo una propaganda constante sobre los progresos del mundo y su futuro luminoso, para que adquiera confianza en la victoria. Al mismo tiempo, debemos hacer saber al pueblo y a los camaradas que nuestro camino es sinuoso. Hay todavía muchos obstáculos y dificultades a lo largo del camino de la revolución. El VII Congreso de nuestro

Partido supuso que las dificultades serían muchas, porque preferimos suponer más dificultades de las que pudieran surgir. A algunos camaradas no les gusta pensar seriamente en las dificultades. Pero las dificultades son una realidad; debemos reconocer cuantas haya, y no adoptar una "política de no reconocimiento". Debemos reconocer las dificultades, analizarlas y combatirlas. No existen caminos rectos en el mundo; debemos estar preparados para seguir un camino sinuoso y no tratar de conseguir las cosas a bajo precio. No hay que imaginar que una buena mañana todos los reaccionarios caerán de rodillas por propia voluntad. En una palabra, las perspectivas son luminosas, pero el camino es sinuoso. Aún tenemos ante nosotros muchas dificultades, que no debemos pasar por alto. Uniéndonos con todo el pueblo en un esfuerzo común, podremos sin duda alguna vencer todas las dificultades y lograr la victoria.

"Sobre las negociaciones de Chungching" (17 de octubre de 1945), *Obras Escogidas*, t. IV.

Quien ve sólo el aspecto brillante, sin ver las dificultades, no puede luchar eficazmente por el cumplimiento de las tareas del Partido.

"Sobre el gobierno de coalición" (24 de abril de 1945), *Obras Escogidas*, t. III.

La riqueza de la sociedad es creada por los obreros, campesinos e intelectuales trabajadores. Si ellos toman su destino en sus propias manos, siguen una línea marxista-leninista y, en vez de eludir los problemas, adoptan una actitud dinámica para resolverlos, no habrá en el mundo dificultad insuperable para ellos.

Nota de introducción al artículo "El secretario del Partido toma la dirección y todos los miembros del Partido ayudan a administrar las cooperativas" (1955), *El auge socialista en el campo chino*.

Todos los miembros del Partido deben tener plenamente en cuenta todo esto y estar preparados para vencer sistemáticamente toda dificultad con una voluntad indomable. Las fuerzas reaccionarias tienen sus dificultades, y nosotros, las nuestras. Pero las dificultades de las fuerzas reaccionarias son insuperables, porque son fuerzas moribundas, sin porvenir. Nuestras dificultades pueden ser vencidas porque somos una fuerza naciente y con un brillante futuro.

> "Saludemos el nuevo ascenso de la revolución china" (1º de febrero de 1947), *Obras Escogidas*, t. IV.

En tiempos difíciles, debemos tener presentes nuestros éxitos, ver nuestra brillante perspectiva y aumentar nuestro coraje.

> "Servir al pueblo" (8 de septiembre de 1944), *Obras Escogidas*, t. III.

Toda cosa nueva experimenta dificultades y reveses en su crecimiento. Sueña quien crea que el socialismo es como coser y cantar, empresa de éxito fácil en la que no se tropieza con dificultades ni se sufren reveses ni se requieren inmensos esfuerzos.

"Sobre el tratamiento correcto de las contradicciones en el seno del pueblo" (27 de febrero de 1957).

En ciertas épocas de la lucha revolucionaria, las dificultades prevalecen sobre las condiciones favorables y constituyen, entonces, el aspecto principal de la contradicción, mientras las condiciones favorables forman el aspecto secundario. Sin embargo, los revolucionarios pueden, mediante sus esfuerzos, superar gradualmente las dificultades y crear una situación nueva, favorable; así, una situación difícil cede su lugar a una situación favorable.

"Sobre la contradicción" (agosto de 1937), *Obras Escogidas*, t. I.

¿Qué significa trabajar? Trabajar significa luchar. En esos lugares, hay dificultades y problemas que debemos vencer y resolver. Vamos allí a trabajar y luchar para vencer esas dificultades. Buen camarada es quien está más ansioso de ir allí donde las dificultades son mayores.

"Sobre las negociaciones de Chungching" (17 de octubre de 1945), *Obras Escogidas*, t. IV.

Hay una antigua fábula china llamada "El Viejo Tonto que removió las montañas". Cuenta que hace mucho tiempo vivía en el Norte de China un anciano conocido como el Viejo Tonto de las montañas del Norte. Su casa miraba al Sur y frente a ella, obstruyendo la pasada, se alzaban dos grandes montañas: Taijang y Wangwu. El Viejo Tonto decidió llevar a sus hijos a remover con azadones las dos montañas. Otro anciano, conocido como el Viejo Sabio, los vio y dijo riéndose: "¡Qué tontería! Es absolutamente imposible que vosotros, tan poca gente, logréis remover montañas tan grandes." El Viejo Tonto respondió: "Después que yo muera, seguirán mis hijos; cuando ellos mueran, quedarán mis nietos, y luego sus hijos y los hijos de sus hijos, y así indefinidamente. Aunque son muy altas, estas montañas no crecen y cada pedazo que les sacamos las hace más pequeñas. ¿Por qué no vamos a poder removerlas?" Después de refutar la idea errónea del Viejo Sabio, siguió cavando día tras día, sin cejar en su decisión. Dios, conmovido ante esto, envió a la tierra dos ángeles, que se llevaron a cuestas ambas montañas. Hoy, sobre el pueblo chino pesan también dos grandes montañas, una se llama imperialismo y la otra, feudalismo. El Partido Comunista de China hace tiempo que decidió eliminarlas. Debemos perseverar en nuestra decisión y trabajar sin cesar; también conmoveremos a Dios. Nuestro Dios no es otro que las masas populares de China. Si ellas se alzan y cavan junto con nosotros, ¿por qué no vamos a poder eliminar esas montañas?

"El Viejo Tonto que removió las montañas" (11 de junio de 1945), *Obras Escogidas*, t. III.

XXII. MÉTODOS DE PENSAMIENTO Y DE TRABAJO

La historia de la humanidad es la historia del continuo desarrollo del reino de la necesidad al reino de la libertad. Este proceso no tiene término. En las sociedades en que existen clases, la lucha de clases no tiene fin. En la sociedad sin clases, jamás terminará la lucha entre lo nuevo y lo viejo, y entre lo justo y lo erróneo. En los terrenos de la lucha por la producción y de la experimentación científica, la humanidad está en constante progreso y la naturaleza en constante desarrollo; nunca se quedan en un nivel determinado. Por lo tanto, el hombre necesita sintetizar constantemente sus experiencias, y descubre, inventa, crea y avanza. Todas las ideas en favor del estancamiento, el pesimismo, la inercia o la complacencia son erróneas. Lo son porque no corresponden ni a los hechos históricos del desarrollo de la sociedad humana a lo largo de cerca de un millón de años, ni a los hechos históricos de la naturaleza conocidos por nosotros hasta la fecha (por ejemplo, la naturaleza tal como se refleja en la historia de los cuerpos celestes, de la tierra, de la vida y de otros fenómenos naturales).

Pasaje citado en el "Informe del Primer Ministro Chou En-lai ante la I Sesión de la Asamblea Popular Nacional (tercera legislatura) sobre la labor del Gobierno" (21 y 22 de diciembre de 1964).

Las ciencias naturales son una de las armas del hombre en la lucha por su libertad. Con el fin de lograr la libertad dentro de la sociedad, el hombre utiliza la ciencia social para comprenderla, transformarla y realizar la revolución social. Con el objeto de lograr la libertad en la naturaleza, el hombre utiliza las ciencias naturales para comprenderla, conquistarla y transformarla, y así logrará la libertad en ella.

Discurso en la reunión inaugural de la Sociedad de Investigaciones de Ciencias Naturales de la Región Fronteriza de Shensí-Kansú-Ningsia (5 de febrero de 1940).

La filosofía marxista — el materialismo dialéctico — tiene dos características sobresalientes. Una es su carácter de clase: afirma explícitamente que el materialismo dialéctico sirve al proletariado. La otra es su carácter práctico: subraya la dependencia de la teoría respecto a la práctica, subraya que la práctica es la base de la teoría y que ésta, a su vez, sirve a la práctica.

"Sobre la práctica" (julio de 1937), *Obras Escogidas,* t. I.

La filosofía marxista considera que el problema más importante no consiste en comprender las leyes del mundo objetivo para estar en condiciones de interpretarlo, sino en aplicar el conocimiento de esas leyes para transformar activamente el mundo.

Ibíd.

¿De dónde provienen las ideas correctas del hombre? ¿Caen del cielo? No. ¿Son innatas en su cerebro? No. Provienen únicamente de la práctica social, de los tres tipos de práctica social: la lucha por la producción, la lucha de clases y la experimentación científica.

"¿De dónde provienen las ideas correctas?" (mayo de 1963).

El ser social del hombre determina su pensamiento. Las ideas correctas características de la clase avanzada, una vez dominadas por las masas, se convierten en una fuerza material que transforma la sociedad y el mundo.

Ibíd.

En su práctica social, el hombre sostiene toda clase de luchas y extrae ricas experiencias tanto de sus éxitos como de sus fracasos. Innumerables fenómenos del mundo exterior objetivo se reflejan en el cerebro del hombre por medio de los órganos de los sentidos — la vista, el oído, el olfato, el gusto y el tacto. Al comienzo, el conocimiento es sensorial. Al acumularse suficiente conocimiento sensorial, se produce un salto al conocimiento racional, es decir, a las ideas. Este es un proceso en el conocimiento. Es la primera etapa del proceso global del conocimiento, etapa que conduce de la materia objetiva a la conciencia subjetiva, de la existencia a las ideas. En esta etapa, aún no se ha comprobado si la conciencia o las ideas (incluyendo las teorías, principios políticos, planes y medidas) reflejan correctamente las leyes del mundo exterior objetivo, aún no puede determinarse si son acertadas o no. Luego, viene la segunda etapa del proceso del conocimiento: la etapa que conduce de la conciencia a la materia, de las ideas a la existencia, etapa en que se aplica a la práctica social el conocimiento obtenido en la primera etapa para ver si esas teorías, principios políticos, planes o medidas consiguen los éxitos esperados. En términos generales, lo que obtiene éxito es correcto, y lo que fracasa, erróneo; esto sucede especialmente en la lucha del hombre con la naturaleza. En la lucha social, las fuerzas que representan a la clase avanzada a veces sufren reveses, no porque sus ideas sean incorrectas, sino porque, en la correlación de las fuerzas en lucha, no son por el momento tan poderosas como las fuerzas reaccionarias; en consecuencia, fracasan temporalmente, pero han de triunfar tarde o temprano. A través de la prueba de la práctica, se produce otro salto en el conocimiento del hombre. Este es más importante que el anterior, porque sólo éste puede comprobar si es acertado o erróneo el primer salto en el conocimiento, o sea, las ideas, teorías, principios políticos, planes o medidas formulados en el curso de la reflexión del mundo exterior objetivo. No hay otro medio de comprobar la verdad.

Ibíd.

A menudo, sólo es posible llegar a un conocimiento correcto después de muchas repeticiones del proceso que conduce de la materia a la conciencia y de la conciencia a la materia, es decir, de la práctica al conocimiento y del conocimiento a la práctica. Esta es la teoría marxista del conocimiento, la teoría materialista dialéctica del conocimiento.

Ibíd.

Quien quiera conocer una cosa, no podrá conseguirlo sin entrar en contacto con ella, es decir, sin vivir (practicar) en el mismo medio de esa cosa. [. . .] Si quieres conocer, tienes que participar en la práctica que transforma la realidad. Si quieres conocer el sabor de una pera, tienes tú mismo que transformarla comiéndola. [. . .] Si quieres conocer la teoría y los métodos de la revolución, tienes que participar en la revolución. Todo conocimiento auténtico nace de la experiencia directa.

"Sobre la práctica" (julio de 1937), *Obras Escogidas*, t. I.

El conocimiento comienza por la práctica, y todo conocimiento teórico, adquirido a través de la práctica, debe volver a la práctica. La función activa del conocimiento no solamente se manifiesta en el salto activo del conocimiento sensorial al racional, sino también, lo que es más importante, debe manifestarse en el salto del conocimiento racional a la práctica revolucionaria.

Ibíd.

Es bien sabido que, al realizar una cosa, cualquiera que sea, a menos que comprendamos sus circunstancias reales, su naturaleza y sus relaciones con otras cosas, no conoceremos las leyes que la rigen, ni sabremos cómo hacerla, ni podremos llevarla a feliz término.

"Problemas estratégicos de la guerra revolucionaria de China" (diciembre de 1936), *Obras Escogidas*, t. I.

Si el hombre quiere obtener éxito en su trabajo, es decir, lograr los resultados esperados, tiene que hacer concordar sus ideas con las leyes del mundo exterior objetivo; si no consigue esto, fracasa en la práctica. Después de sufrir un fracaso, extrae lecciones de él, modifica sus ideas haciéndolas concordar con las leyes del mundo exterior y, de esta manera, puede transformar el fracaso en éxito: he aquí lo que se quiere decir con "la derrota es madre del éxito" y "cada fracaso nos hace más listos".

"Sobre la práctica" (julio de 1937), *Obras Escogidas*, t. I.

Somos marxistas, y el marxismo nos exige que al examinar cualquier problema, partamos de los hechos objetivos y no de definiciones abstractas, y que formulemos nuestra orientación, política y medidas sobre la base del análisis de estos hechos.

"Intervenciones en el Foro de Yenán sobre Literatura y Arte" (mayo de 1942), *Obras Escogidas*, t. III.

El método fundamental de trabajo que todos los comunistas debemos tener bien presente, consiste en determinar nuestra línea de trabajo en función de las condiciones reales. Si examinamos las causas de nuestros errores, veremos que todos se deben a que nos apartamos de las condiciones reales existentes en un momento y lugar dados y trazamos subjetivamente nuestra línea de trabajo.

> "Discurso pronunciado en una conferencia de cuadros de la región liberada de Shansí-Suiyuán" (1º de abril de 1948), *Obras Escogidas*, t. IV.

El idealismo y la metafísica son las cosas más fáciles del mundo porque permiten a la gente que disparate a gusto, sin basarse en la realidad objetiva ni someterse a la prueba de ésta. En cambio, el materialismo y la dialéctica requieren esfuerzos. Se fundamentan en la realidad objetiva y se someten a su prueba. Si uno no hace esfuerzos, caerá en el idealismo y la metafísica.

> Nota de introducción a *Materiales sobre la camarilla contrarrevolucionaria de Ju Feng* (mayo de 1955).

Al tratar una cosa, debemos examinar su esencia y considerar su apariencia sólo como guía que nos conduce a la entrada. Y una vez que cruzamos el umbral, debemos captar la esencia de la cosa. Este es el único método de análisis seguro y científico.

> "Una sola chispa puede incendiar la pradera" (5 de enero de 1930), *Obras Escogidas*, t. I.

La causa fundamental del desarrollo de las cosas no es externa sino interna; reside en su carácter contradictorio interno. Todas las cosas entrañan este carácter contradictorio, de ahí su movimiento y desarrollo. El carácter contradictorio interno de una cosa es la causa fundamental de su desarrollo, en tanto que su interrelación e interacción con otras cosas son causas secundarias.

> "Sobre la contradicción" (agosto de 1937), *Obras Escogidas*, t. I.

La dialéctica materialista considera que las causas externas constituyen la condición del cambio y las causas internas, su base, y que aquéllas actúan a través de éstas. A una temperatura adecuada, un huevo se transforma en pollo, pero ninguna temperatura puede transformar una piedra en pollo, porque sus bases son diferentes.

Ibíd.

La filosofía marxista entiende que la ley de la unidad de los contrarios es la ley fundamental del universo. Esta ley tiene validez universal, tanto en la naturaleza y en la sociedad humana, como en el pensamiento del hombre. Los contrarios en una contradicción forman una unidad a la vez que luchan entre sí, lo cual impulsa el movimiento y el cambio en las cosas. En todas partes existen contradicciones, pero tienen diverso carácter según sea la naturaleza de las cosas. En cualquier cosa concreta, la unidad de los contrarios es condicional, temporal, de transición y, por eso, relativa, mientras que la lucha entre los contrarios es absoluta.

"Sobre el tratamiento correcto de las contradicciones en el seno del pueblo" (27 de febrero de 1957).

El método analítico es dialéctico. Por análisis entendemos analizar las contradicciones en las cosas. Ningún análisis acertado es posible sin un conocimiento íntimo de la vida ni una comprensión real de las contradicciones de que se trata.

> "Discurso ante la Conferencia Nacional del Partido Comunista de China sobre el Trabajo de Propaganda" (12 de marzo de 1957).

Lenin dice que el análisis concreto de la situación concreta es "lo más esencial del marxismo, el alma viva del marxismo". Muchos de nuestros camaradas, poco acostumbrados a pensar en forma analítica, no quieren analizar y estudiar repetida y profundamente las cosas complejas, sino que prefieren formular conclusiones simplistas que son absolutamente afirmativas o absolutamente negativas. [. . .] Desde ahora, debemos remediar este estado de cosas.

> "Nuestro estudio y la situación actual" (12 de abril de 1944), *Obras Escogidas*, t. III.

La manera como estos camaradas enfocan las cuestiones es errónea. En vez de considerar sus aspectos esenciales o principales, destacan los no esenciales o secundarios. Es de señalar que hay que tratar estos últimos aspectos uno por uno sin subestimarlos, mas no debemos considerarlos como esenciales o principales, pues, de lo contrario, nos desorientaremos.

> "Sobre el problema de la cooperativización agrícola" (31 de julio de 1955).

Las cosas en el mundo son complejas y las deciden diversos factores. Debemos examinar los problemas en sus diferentes aspectos y no en uno solo.

> "Sobre las negociaciones de Chungching" (17 de octubre de 1945), *Obras Escogidas*, t. IV.

Sólo quienes abordan los problemas de manera subjetiva, unilateral y superficial dictan órdenes presuntuosamente apenas llegan a un nuevo lugar, sin considerar las circunstancias, sin examinar las cosas en su totalidad (su historia y su situación actual en conjunto) ni penetrar en su esencia (su naturaleza y las relaciones internas entre una cosa y otras). Semejantes personas tropiezan y caen inevitablemente.

"Sobre la práctica" (julio de 1937), *Obras Escogidas*, t. I.

Al estudiar un problema, debemos guardarnos del subjetivismo, la unilateralidad y la superficialidad. Por subjetivismo se entiende no saber abordar los problemas objetivamente, es decir, no saber abordarlos desde el punto de vista materialista. Ya he hablado de esto en mi trabajo *Sobre la práctica*. Por unilateralidad se entiende no saber abordar los problemas en todos sus aspectos. [. . .] O se le puede llamar ver la parte y no el todo, ver los árboles y no el bosque. De esta manera, no es posible encontrar el método para resolver las contradicciones, ni cumplir las tareas de la revolución, ni llevar a buen término el trabajo encomendado, ni desarrollar correctamente la lucha ideológica en el seno del Partido.

Cuando decía Sun Wu Tsi en su exposición del arte de la guerra: "Conoce a tu adversario y conócete a ti mismo, y podrás librar cien batallas sin correr ningún riesgo de derrota", se refería a las dos partes beligerantes. Wei Cheng, de la dinastía Tang, también comprendía lo errónea que es la unilateralidad cuando decía: "Si escuchas a ambas partes, se hará en ti la luz; si escuchas a una sola, permanecerás en tinieblas." Pero nuestros camaradas a menudo examinan los problemas de manera unilateral y, por este motivo, dan con la cabeza en el muro. [. . .] Lenin dijo: "Para conocer realmente un objeto hay que abarcar y estudiar todos sus aspectos, todos sus vínculos y 'mediaciones'. Esto jamás lo conseguiremos por completo; pero la exigencia de estudiar las cosas en todos sus aspectos nos previene contra los errores y la rigidez." Debemos recordar sus palabras. Por superficialidad se entiende no considerar ni las características de la contradicción en su conjunto ni las características de cada uno de sus aspectos, no reconocer la necesidad de ir al fondo de una cosa y estudiar minuciosamente las características de su contradicción, sino limitarse a mirar de lejos y, después de una ojeada a los contornos generales de la contradicción, tratar inmediatamente de resolverla (responder una pregunta, zanjar una disputa, manejar un asunto o dirigir una operación militar). Semejante forma de proceder lleva inevitablemente a consecuencias funestas. [. . .] La unilateralidad y la superficialidad son también subjetivismo, porque todas las cosas objetivas se hallan en realidad ligadas unas con otras y se rigen por leyes internas; sin embargo, hay personas que, en lugar de reflejar las cosas tal como son, las consideran de modo unilateral o superficial, e ignoran sus relaciones recíprocas y sus leyes internas; por tanto, su método es subjetivista.

"Sobre la contradicción" (agosto de 1937), *Obras Escogidas*, t. I.

Unilateralidad significa pensar en términos absolutos, es decir, enfocar los problemas metafísicamente. En la valoración de nuestro trabajo, es unilateral considerarlo o todo positivo o todo negativo. [. . .] Considerarlo todo positivo es ver sólo lo bueno y nada de lo malo, es admitir únicamente los elogios y no las críticas. Presentar nuestro trabajo como si fuera bueno en todos sus aspectos es contradecir los hechos. No es cierto que todo sea bueno; todavía existen deficiencias y errores. Tampoco es cierto que todo sea malo; pensar así también contradice los hechos. De ahí la necesidad de analizar. Negarlo todo es creer, sin ningún análisis, que nada se ha hecho bien y que la grandiosa empresa de la construcción socialista, la gran lucha en que participan centenares de millones de personas, es un embrollo sin nada digno de elogio. Estos puntos de vista son sumamente erróneos y perjudiciales, y sólo pueden desalentar a la gente, aunque muchas de las personas que los sostienen se distinguen de las que son hostiles al sistema socialista. En la valoración de nuestro trabajo, es erróneo tanto el punto de vista de que todo es positivo, como el de que todo es negativo.

> "Discurso ante la Conferencia Nacional del Partido Comunista de China sobre el Trabajo de Propaganda" (12 de marzo de 1957).

Al examinar cualquier cuestión, los marxistas deben ver no sólo las partes sino también el todo. Una rana en el fondo de un pozo dice: "El cielo no es mayor que la boca del pozo." Esto no es cierto, porque el cielo no es del tamaño de la boca de un pozo. Estaría en lo cierto si afirmase que "una parte del cielo es del tamaño de la boca del pozo", porque ello corresponde a la realidad.

> "Sobre la táctica de la lucha contra el imperialismo japonés" (27 de diciembre de 1935), *Obras Escogidas*, t. I.

Debemos aprender a examinar las cuestiones en todos sus aspectos, a ver no

240

sólo el anverso de las cosas sino también su reverso. En determinadas condiciones, una cosa mala puede conducir a buenos resultados, y una cosa buena, a resultados malos.

"Sobre el tratamiento correcto de las contradicciones en el seno del pueblo" (27 de febrero de 1957).

Junto con reconocer que, en el curso general del desarrollo histórico, lo material determina lo espiritual y el ser social determina la conciencia social, también reconocemos y debemos reconocer la reacción que ejerce lo espiritual sobre lo material, la conciencia social sobre el ser social y la superestructura sobre la base económica. Esto no va en contra del materialismo, sino que, justamente, evita el materialismo mecanicista y defiende firmemente el materialismo dialéctico.

"Sobre la contradicción" (agosto de 1937), *Obras Escogidas*, t. I.

En la guerra, los mandos no pueden pretender ganarla traspasando los límites impuestos por las condiciones objetivas, pero dentro de tales límites sí pueden y deben poner en pleno juego su actividad consciente en la lucha por la victoria. El escenario de acción para los mandos en una guerra debe construirse dentro de lo que permiten las condiciones objetivas, pero sobre este escenario pueden dirigir magníficas acciones de épica grandiosidad.

> "Sobre la guerra prolongada" (mayo de 1938), *Obras Escogidas*, t. II.

El hombre debe adaptar su pensamiento a las condiciones que han cambiado. Claro está que nadie debe dejarse llevar por la fantasía, ni elaborar planes de acción a despecho de las condiciones objetivas, ni pretender lo que en realidad es imposible. Pero, el problema actual es que las ideas conservadoras de derecha aún ocasionan funestos trastornos en muchos terrenos e impiden que el trabajo en esos terrenos marche a tono con el desarrollo de las circunstancias objetivas. El problema actual es que muchos consideran imposible lo que podrían cumplir si se esforzaran.

Prefacio a *El auge socialista en el campo chino* (27 de diciembre de 1955).

Debemos utilizar el cerebro y pensar cada cosa cuidadosamente. Como dice el refrán: "Frunce el entrecejo y se te ocurrirá una estratagema." En otras palabras, la mucha reflexión engendra sabiduría. Para deshacernos del hábito de actuar a ciegas, tan difundido en nuestro Partido, debemos alentar a nuestros camaradas a pensar, aprender el método analítico y cultivar el hábito del análisis.

"Nuestro estudio y la situación actual" (12 de abril de 1944), *Obras Escogidas*, t. III.

Si en un proceso hay varias contradicciones, necesariamente una de ellas es la principal, la que desempeña el papel dirigente y decisivo, mientras que las demás ocupan una posición secundaria y subordinada. Por

lo tanto, al estudiar cualquier proceso com-
plejo en el que existan dos o más contradicciones, debemos esforzarnos al máximo por
descubrir su contradicción principal. Una
vez aprehendida la contradicción principal,
todos los problemas se resuelven fácilmente.

"Sobre la contradicción" (agosto
de 1937), *Obras Escogidas*, t. I.

De los dos aspectos contradictorios, uno
ha de ser el principal y el otro, el secundario. El aspecto principal es el que
desempeña el papel dirigente en la
contradicción. La naturaleza de una cosa
está determinada fundamentalmente por
el aspecto principal de la contradicción,
aspecto que ocupa la posición dominante.
Pero esta situación no es estática; el
aspecto principal y el no principal de una
contradicción se transforman el uno en el
otro y, en consecuencia, la naturaleza de la
cosa cambia.

Ibíd.

No basta con plantear tareas; hay que
resolver, además, el problema de los méto-

dos para cumplirlas. Si nuestra tarea es cruzar un río, no podremos hacerlo sin un puente o una embarcación. Mientras no se resuelva el problema del puente o la embarcación, será ocioso hablar de atravesar el río. Mientras la cuestión de los métodos no esté resuelta, será inútil hablar de las tareas.

> "Preocupémonos por el bienestar de las masas, prestemos atención a nuestros métodos de trabajo" (27 de enero de 1934), *Obras Escogidas*, t. I.

En relación a cualquier tarea, si no se hace un llamamiento general, será imposible movilizar a las amplias masas para la acción. Sin embargo, si los dirigentes se limitan a lanzar un llamamiento general, si no se ocupan personal y concretamente, en algunas organizaciones, de la ejecución cabal del trabajo que llaman a realizar, abren una brecha en algún punto y adquieren allí experiencia para orientar a las demás entidades, no podrán comprobar si es justo el llamamiento general ni enriquecer su contenido, y además el llamamiento correrá el peligro de quedar en letra muerta.

"Algunas cuestiones sobre los métodos de dirección" (1º de junio de 1943), *Obras Escogidas*, t. III.

Ningún dirigente puede dar orientación general a las entidades a su cargo, a menos que obtenga experiencia práctica de parte de determinados individuos y de ciertos asuntos en una entidad subordinada específica. Este método debe ser generalizado para que los cuadros dirigentes a todos los niveles aprendan a aplicarlo.

Ibid.

En ningún lugar puede haber al mismo tiempo muchas tareas centrales. Sólo puede realizarse, en un lapso determinado, una tarea central, complementada por otras de segundo y tercer orden. Por lo tanto, el responsable principal de una localidad debe tener en cuenta la historia y circunstancias actuales de la lucha allí, y ordenar apropiadamente las diferentes tareas. No debe actuar sin plan propio, saltando de una tarea a otra según le lleguen de los organismos superiores, pues si así lo hace se verá enfrentado a una multitud de "tareas centrales" y sumido en la confusión y el desorden. Ninguna organización superior debe tampoco asignar simultáneamente muchas tareas a una organización inferior, sin indicar su importancia y su urgencia relativas ni especificar cuál es la tarea central, porque este modo de proceder llevará desorden al trabajo de la organización inferior y le impedirá conseguir los resultados previstos. El dirigente debe tener en cuenta la situación en su conjunto, elaborar su plan general a la luz de las condiciones históricas y las circunstancias existentes en cada localidad, decidir con justeza el centro de gravedad y el orden de ejecución de los trabajos para cada período, realizar con tenacidad lo decidido y asegurar el logro de los resultados determinados: esto es parte del arte de dirigir.

Ibíd.

Debe mantenerse [cada buró o subburó del Comité Central del Partido] constantemente al corriente de la marcha del trabajo, intercambiar experiencias y corregir los errores; no debe esperar varios meses, medio año o un año antes de celebrar reuniones de balance para hacer una revisión general y una rectificación general de los errores. Dilatar conduce a grandes pérdidas, mientras que corregir los errores apenas surgen, reduce las pérdidas.

"Sobre la política concerniente a la industria y el comercio" (27 de febrero de 1948), *Obras Escogidas*, t. IV.

No dejen que los problemas se acumulen y causen muchas complicaciones antes de resolverlos. Los dirigentes tienen que marchar al frente del movimiento y no a la zaga.

Nota de introducción al artículo "El contrato estacional" (1955), *El auge socialista en el campo chino*.

Lo que necesitamos es un estado de ánimo entusiasta pero sereno, un trabajo intenso pero ordenado.

"Problemas estratégicos de la guerra revolucionaria de China" (diciembre de 1936), *Obras Escogidas*, t. I.

XXIII. INVESTIGACIÓN Y ESTUDIO

Todos aquellos que se encarguen de un trabajo práctico deben investigar las condiciones en las bases. Semejante investigación se hace especialmente necesaria para quienes tienen conocimientos teóricos pero no se hallan al corriente de las condiciones reales; de otro modo, no podrán vincular la teoría con la práctica. "Quien no ha investigado no tiene derecho a hablar." Aunque esta afirmación mía ha sido ridiculizada como "empirismo estrecho", hasta la fecha no me arrepiento de haberla hecho; al contrario, sigo insistiendo en que sin haber investigado nadie puede pretender el derecho a hablar. Hay muchos que, "apenas descienden de su carroza", comienzan a vociferar, a lanzar opiniones, criticando esto y censurando aquello; pero, de hecho, todos ellos fracasan sin excepción, porque sus comentarios o críticas, que no están fundamentados en una investigación minuciosa, no son más que charlatanería. Incalculables son los daños que han causado a nuestro Partido semejantes "enviados imperiales", a los que encontramos aquí y allá, casi en todas partes. Con razón dice Stalin que "la teoría deja de tener objeto cuando no se halla vinculada a la práctica revolucionaria". Y con razón agrega que "la práctica es ciega si la teoría revolucionaria no alumbra su camino". Sólo se puede acusar de "empirismo estrecho" a los "prácticos", que andan a tientas y carecen de perspectiva y previsión.

"Prefacio y epílogo a 'Investigación rural'" (marzo y abril de 1941), *Obras Escogidas*, t. III.

Tomar esta actitud [la marxista-leninista] significa buscar la verdad en los hechos. Por "hechos" entendemos todas las cosas que existen objetivamente; por "verdad" entendemos las relaciones internas de las cosas objetivas, es decir, las leyes que las rigen; y por "buscar" entendemos estudiar. Debemos partir de las condiciones reales dentro y fuera del país, la provincia, el distrito o el territorio, y deducir de ellas, como guía para nuestra acción, las leyes inherentes a esas condiciones y no leyes imaginarias, es decir, debemos encontrar las relaciones internas de los acontecimientos que suceden a nuestro alrededor. Y para esto debemos basarnos en los hechos, que existen objetivamente, y no en nuestra imaginación subjetiva, ni en un entusiasmo momentáneo, ni en la letra muerta de los libros; debemos apropiarnos del material en detalle y, a la luz de los principios generales del marxismo-leninismo, extraer de este material conclusiones correctas.

"Reformemos nuestro estudio" (mayo de 1941), *Obras Escogidas*, t. III.

Proceder como "un hombre que caza gorriones con los ojos cerrados" o como "un ciego que coge peces a tientas", tratar las cosas superficialmente sin penetrar en los detalles, entregarse a una verborrea jactanciosa y contentarse con conocimientos fragmentarios mal asimilados: tal es el estilo de trabajo, extremadamente malo, que aún se observa entre muchos camaradas de nuestro Partido, un estilo totalmente opuesto al espíritu fundamental del marxismo-leninismo. Marx, Engels, Lenin y Stalin nos enseñan que es necesario estudiar concienzudamente la situación, partir de la realidad objetiva y no de los deseos subjetivos. Pero, muchos de nuestros camaradas actúan en forma diametralmente contraria a esta verdad.

Ibíd.

¿No puede usted resolver un problema? ¡Pues bien, póngase a investigar su situación actual y sus antecedentes! Cuando haya investigado cabalmente el problema, sabrá cómo resolverlo. Toda conclusión se saca después de una investigación, y no antes. Únicamente un tonto se devana los sesos, solo o unido a un grupo, para "encontrar una solución" o "elaborar una idea" sin efectuar ninguna investigación. Debe subrayarse que esto no conducirá en absoluto a ninguna solución eficaz ni a ninguna idea provechosa.

"Contra el culto a los libros" (mayo de 1930).

La investigación se asemeja a los largos meses de gestación, y la solución del problema, al día del nacimiento. Investigar un problema es resolverlo.

Ibíd.

[Con la actitud marxista-leninista,] una persona aplica la teoría y el método marxista-leninistas a la investigación y estudio sistemáticos y minuciosos de la situación. En vez de trabajar solamente a dictado del entusiasmo, combina, como dice Stalin, el ímpetu revolucionario con el sentido práctico.

"Reformemos nuestro estudio" (mayo de 1941), *Obras Escogidas*, t. III.

El único medio para conocer una situación es hacer una investigación social, una investigación sobre las condiciones reales de las diversas clases sociales. Para quienes están encargados del trabajo de dirección, el método esencial para conocer la situación es elegir, de acuerdo a un plan, algunas ciudades y aldeas, y realizar allí una serie de minuciosas investigaciones utilizando el punto de vista fundamental marxista, es decir, el método de análisis de clases.

> "Prefacio y epílogo a 'Investigación rural'" (marzo y abril de 1941), *Obras Escogidas,* t. III.

Una reunión de investigación no necesita ser muy numerosa; basta con la presencia de tres a cinco, o siete u ocho personas. Para cada reunión, es necesario destinar suficiente tiempo, preparar de antemano un cuestionario y, además, hacer personalmente preguntas, anotar las respuestas y discutir con los asistentes. Esto quiere decir que sin un gran entusiasmo, sin la decisión de dirigir la mirada hacia abajo, sin la sed

de conocer, sin la disposición a despojarse
de toda presunción para ser alumno mo-
desto, será imposible realizar ninguna investigación o hacerla bien.

Ibíd.

Toda disposición correcta de un mando
emana de su decisión justa; la decisión justa
emana de su juicio justo sobre la situación,
y el juicio justo emana de un reconocimiento
circunstanciado e indispensable y de un
examen cuidadoso y sistemático de todas
las informaciones recogidas a través del reconocimiento. El mando emplea todos los
medios de reconocimiento posibles y nece-
sarios, y examina las informaciones así recogidas acerca de la situación del enemigo,
desechando la cáscara para quedarse con el
grano, descartando lo falso para conservar
lo verdadero, pasando de un aspecto a otro
y de lo externo a lo interno; luego, conside-
rando las condiciones de su propio campo,
hace un estudio comparativo de la situación
de ambas partes y de sus relaciones mutuas;
de este modo, forma su juicio, toma su de-

cisión y elabora su plan. Este es el proceso completo del conocimiento de una situación, proceso que debe recorrer un jefe militar antes de formular su plan estratégico, de campaña o de combate.

"Problemas estratégicos de la guerra revolucionaria de China" (diciembre de 1936), *Obras Escogidas*, t. I.

XXIV. RECTIFICACIÓN DE LAS IDEAS ERRÓNEAS

Y aunque lográramos éxitos inmensos en nuestro trabajo, no tendríamos ningún fundamento para volvernos engreídos y presuntuosos. La modestia contribuye al progreso, y el engreimiento conduce al atraso. Debemos tener siempre presente esta verdad.

> "Discurso de apertura en el VIII Congreso Nacional del Partido Comunista de China" (15 de septiembre de 1956).

Con la victoria, pueden surgir dentro del Partido ciertos estados de ánimo: el engreimiento, la presunción de ser hombre meritorio, la inercia y la falta de deseo de progresar, la afición a los placeres y la aversión a continuar una vida dura. Con la victoria, el pueblo nos estará agradecido y la burguesía se presentará a adularnos. Ya está probado que el enemigo no puede vencernos por la fuerza de las armas. Sin embargo, la adulación de la burguesía puede vencer a los débiles de carácter que haya en nuestras filas. Es posible que existan entre los comunistas algunos que el enemigo no ha podido vencer con las armas y que frente a él se han hecho merecedores del título de héroes, pero que, incapaces de resistir a los proyectiles almibarados, caerán derrotados por ellos. Debemos estar prevenidos contra esto.

> "Informe ante la II Sesión Plenaria del Comité Central elegido en el VII Congreso Nacional del Partido Comunista de China" (5 de marzo de 1949), *Obras Escogidas*, t. IV.

Muchas cosas pueden convertirse en fardos, en cargas, si nos aferramos a ellas ciega e inconscientemente. Por ejemplo: quien haya cometido errores, puede sentirse irremediablemente agobiado por ellos y caer en el abatimiento; el que no haya incurrido en errores, puede creerse irreprochable y volverse vanidoso. La falta de éxitos en el trabajo puede provocar pesimismo y depresión, en tanto que los éxitos pueden engendrar arrogancia y altanería. Un camarada que tenga corta historia de lucha puede con ese pretexto eludir responsabilidades, y un veterano puede considerarse infalible por su largo pasado de lucha. Los camaradas obreros y campesinos, orgullosos de su origen de clase, pueden mirar a los intelectuales por encima del hombro, y los intelectuales, por poseer algunos conocimientos, pueden menospreciar a los camaradas obreros y campesinos. Quien posea conocimientos especializados puede considerarlos como capital para envanecerse y despreciar a los demás. Hasta la edad podría servir de motivo para presumir: un joven que se tenga por inteligente y capaz, podría despreciar a los viejos, y un viejo, por su rica experiencia, podría despreciar a los jóvenes. Todas estas cosas se con-

vierten en cargas, en fardos, si se carece
de espíritu crítico.

"Nuestro estudio y la situación
actual" (12 de abril de 1944),
Obras Escogidas, t. III.

Algunos camaradas en el ejército se han
vuelto arrogantes y se comportan de manera
arbitraria con los soldados, el pueblo, los
organismos gubernamentales y las organizaciones del Partido. Siempre reprochan a
los camaradas encargados del trabajo local
y nunca se reprochan a sí mismos. Sólo
ven sus propios éxitos, pero no sus deficiencias. Sólo quieren escuchar lisonjas, y
no críticas. [...] el ejército debe esforzarse por erradicar estos malos hábitos.

"Organicémonos" (29 de noviembre de 1943), *Obras Escogidas,* t. III.

Un trabajo duro es como una carga que,
colocada frente a nosotros, nos desafía
a echárnosla al hombro. Algunas cargas
son livianas, otras, pesadas. Hay quienes

prefieren las cargas livianas a las pesadas; escogen para sí las primeras y dejan las segundas para los demás. Esa no es una buena actitud. Otros camaradas actúan de manera diferente: dejan las comodidades a los demás y toman sobre sus hombros las cargas pesadas, son los primeros en soportar las penalidades y los últimos en disfrutar de las comodidades. Estos son buenos camaradas. Todos debemos aprender de su espíritu comunista.

"Sobre las negociaciones de Chungching" (17 de octubre de 1945), *Obras Escogidas*, t. IV.

No pocas personas se muestran irresponsables en su trabajo, prefieren lo liviano a lo pesado, dejan las cargas pesadas a otros y escogen para sí las livianas. En cada ocasión, piensan en sí mismas antes que en los demás. Cuando llegan a hacer alguna pequeña contribución, se hinchan de orgullo y la pregonan temiendo que alguien quede sin saberlo. No sienten cariño por los camaradas y el pueblo, y los tratan con frialdad, indiferencia y apatía. En realidad, esas personas no son comunistas, o, al menos, no pueden ser consideradas como verdaderos comunistas.

"En memoria de Norman Bethune" (21 de diciembre de 1939), *Obras Escogidas*, t. II.

Los que pretenden "independizarse" así, generalmente se aferran a la doctrina del "yo primero" y se equivocan en la cuestión de las relaciones entre un militante y el Partido. Aunque respetan de palabra al Partido, en la práctica se colocan a sí mismos en primer término y relegan el Partido al segundo. ¿Qué buscan? Fama, posición y oportunidad de lucirse. Siempre que se les encarga de alguna sección de trabajo, procuran "independizarse". Para este fin, engatusan a algunos, desplazan a otros y recurren, entre camaradas, a la jactancia, las lisonjas y la adulación, introduciendo en el Partido Comunista el estilo filisteo de los partidos políticos burgueses. Es su deshonestidad lo que les hace pasarlo mal. Creo que debemos trabajar honestamente, porque sin una actitud honesta nada se puede realizar en el mundo.

"Rectifiquemos el estilo de trabajo en el Partido" (1º de febrero de 1942), *Obras Escogidas*, t. III.

Los comunistas deben comprender el principio de subordinar las necesidades de la parte a las del todo. Si una proposición es factible para una situación parcial pero no para la situación en su conjunto, es necesario subordinar la parte al todo. En el caso contrario, si la proposición no es factible para la situación parcial, pero sí para la situación en su conjunto, es preciso igualmente subordinar la parte al todo. Esto es lo que se entiende por tomar en consideración los intereses del todo.

"El papel del Partido Comunista de China en la guerra nacional" (octubre de 1938), *Obras Escogidas*, t. II.

Búsqueda de una vida cómoda. En el Ejército Rojo existen no pocas personas

cuyo individualismo se manifiesta en sus
ansias de comodidades. Siempre esperan
que su unidad marche a las grandes ciudades. Quieren ir allí no a trabajar sino a
pasarlo bien. Lo que más les desagrada es
trabajar en las zonas rojas, donde la vida
es dura.

> "Sobre la rectificación de las
> ideas erróneas en el Partido"
> (diciembre de 1929), *Obras Esco-*
> *gidas*, t. I.

Hay que combatir la tendencia al seccionalismo, tendencia a preocuparse sólo
por la propia sección, sin atender a los intereses de los demás. Seccionalista es quien
permanece indiferente ante las dificultades
de los demás y no quiere ceder a ningún
cuadro cuando se lo piden otras secciones o,
como el que "toma el campo del vecino
como desaguadero", cede sólo a los cuadros
mediocres, sin mostrar la menor consideración hacia las demás secciones, localidades
o personas. Quien procede así ha perdido
totalmente el espíritu comunista. Se caracteriza por su negativa a considerar la situa-

ción en su conjunto y su total indiferencia hacia las demás secciones, localidades o personas. Tenemos que redoblar nuestros esfuerzos para educar a tales individuos y hacerles ver en el seccionalismo una tendencia sectaria, que se volverá peligrosa si se la deja cundir.

> "Rectifiquemos el estilo de trabajo en el Partido" (1º de febrero de 1942), *Obras Escogidas*, t. III.

El liberalismo se manifiesta en diferentes formas:

Tener clara conciencia de que una persona está en un error, pero, como se trata de un conocido, paisano, condiscípulo, amigo íntimo, ser querido, viejo colega o antiguo subordinado, no sostener una discusión de principios con ella y dejar pasar las cosas a fin de preservar la paz y la amistad. O bien, en el deseo de mantenerse en buenos términos con esa persona, tratar superficialmente el asunto en lugar de ir hasta el fondo. Así, tanto la organización como el individuo resultan perjudicados. Este es el primer tipo de liberalismo.

Hacer críticas irresponsables en privado en lugar de plantear activamente sugerencias a la organización. No decir nada a los demás en su presencia, sino andar con chismes a sus espaldas; o callarse en las reuniones para murmurar después. No considerar para nada los principios de la vida colectiva, sino dejarse llevar por las inclinaciones personales. Este es el segundo tipo.

Dejar pasar todo lo que no le afecte a uno personalmente; decir lo menos posible aunque se tenga perfecta conciencia de lo que es erróneo; ser hábil en mantenerse a cubierto y preocuparse únicamente de evitar reproches. Este es el tercer tipo.

Desobedecer las órdenes y colocar las opiniones personales en primer lugar; solicitar consideraciones especiales de la organización, pero rechazar su disciplina. Este es el cuarto tipo.

Entregarse a ataques personales, armar pendencias, desahogar rencores personales o buscar venganza en vez de debatir los puntos de vista erróneos y luchar contra ellos en bien de la unidad, del progreso y del buen cumplimiento del trabajo. Este es el quinto tipo.

Escuchar opiniones incorrectas sin refutarlas, e incluso escuchar expresiones contrarrevolucionarias sin informar sobre ellas, tomándolas tranquilamente, como si nada hubiera pasado. Este es el sexto tipo.

Al hallarse entre las masas, no hacer propaganda ni agitación, no hablar en sus reuniones, no investigar ni hacerles preguntas, sino permanecer indiferente a ellas, sin mostrar la menor preocupación por su bienestar, olvidando que se es comunista y comportándose como una persona cualquiera. Este es el séptimo tipo.

No indignarse al ver que alguien perjudica los intereses de las masas, ni disuadirlo o impedir su acción, ni razonar con él, sino dejarlo continuar. Este es el octavo tipo.

Trabajar descuidadamente, sin plan ni orientación definidos; trabajar sólo para cumplir con las formalidades y pasar los días vegetando: "mientras siga siendo monje, tocaré la campana". Este es el noveno tipo.

Considerar que se ha rendido grandes servicios a la revolución y darse aires de veterano; desdeñar las tareas pequeñas pero no estar a la altura de las grandes; ser descuidado en el trabajo y flojo en el estudio. Este es el décimo tipo.

Tener conciencia de los propios errores pero no intentar corregirlos, tomando una actitud liberal consigo mismo. Este es el undécimo tipo.

"Contra el liberalismo" (7 de septiembre de 1937), *Obras Escogidas*, t. II.

En una colectividad revolucionaria, el liberalismo es extremadamente perjudicial. Es una especie de corrosivo, que carcome la unidad, debilita la cohesión, causa apatía y crea disensiones. Priva a las filas revolucionarias de su organización compacta y su estricta disciplina, impide la aplicación cabal de la política y aleja a las organizaciones del Partido de las masas que éste dirige. Se trata de una tendencia sumamente perniciosa.

Ibid.

Los adictos al liberalismo consideran los principios del marxismo como dogmas abstractos. Aprueban el marxismo, pero no se muestran dispuestos a practicarlo o a practicarlo cabalmente; no intentan sustituir su liberalismo por el marxismo. Tienen su marxismo y también su liberalismo: hablan del marxismo pero practican el liberalismo; el marxismo es para los demás y el liberalismo para ellos mismos. Llevan ambos en su bagaje y encuentran una aplicación para cada uno. Así es como piensa cierta gente.

Ibíd.

El Estado popular protege al pueblo. Sólo cuando existe un Estado popular, el pueblo puede, en todo el país y con la participación general, educarse y transformarse por métodos democráticos, y desembarazarse así de la influencia de los reaccionarios internos y externos (influencia aún muy fuerte en la actualidad y que subsistirá largo tiempo y no puede ser eliminada rápidamente), librarse de los malos hábitos e ideas adquiridos en la vieja sociedad, evitar ser descarriado por los reaccionarios, y continuar avanzando, avanzando hacia la sociedad socialista y la comunista.

"Sobre la dictadura democrática popular" (30 de junio de 1949), *Obras Escogidas*, t. IV.

Para nadie resulta difícil hacer una cosa de provecho. Lo difícil es hacer cosas de provecho durante toda la vida sin hacer jamás nada malo; actuar siempre en interés de las grandes masas, de la juventud y de la revolución, y empeñarse durante décadas en una lucha ardua sin desmayar nunca. ¡Esto es lo más difícil de todo!

"Mensaje de saludo al camarada Wu Yu-chang en su 60° cumpleaños" (15 de enero de 1940).

XXV. UNIDAD

La unificación de nuestro país, la unidad de nuestro pueblo y la unidad de todas nuestras nacionalidades, constituyen las garantías fundamentales para la victoria segura de nuestra causa.

"Sobre el tratamiento correcto de las contradicciones en el seno del pueblo" (27 de febrero de 1957).

Solamente con la unidad del Partido Comunista se podrá alcanzar la unidad de toda la clase [obrera] y de toda la nación; solamente con la unidad de toda la clase y de toda la nación se podrá vencer al enemigo y dar cima a la revolución nacional y democrática.

> "Luchemos para incorporar a las masas por millones al frente único nacional antijaponés" (7 de mayo de 1937), *Obras Escogidas,* t. I.

Uniremos sólidamente a todas las fuerzas de nuestro Partido bajo los principios de organización y disciplina del centralismo democrático. Nos uniremos con todo camarada que esté dispuesto a observar el Programa, los Estatutos y las decisiones del Partido.

> "Sobre el gobierno de coalición" (24 de abril de 1945), *Obras Escogidas,* t. III.

En 1942 resumimos este método democrático de resolver las contradicciones en el seno del pueblo en la fórmula "unidad — crítica — unidad". Esto, expresado en forma más detallada, significa partir del deseo de unidad, resolver las contradicciones mediante la crítica o lucha y conseguir una nueva unidad sobre una nueva base. Según nuestra experiencia, éste es el método correcto para resolver las contradicciones en el seno del pueblo.

"Sobre el tratamiento correcto de las contradicciones en el seno del pueblo" (27 de febrero de 1957).

Nuestro ejército ha alcanzado una excelente unidad dentro de sus propias filas y con aquellos que están fuera de ellas. En el orden interno, existe unidad entre oficiales y soldados, entre los niveles superiores e inferiores y entre el trabajo militar, el político y el de los servicios de retaguardia. En el orden externo, existe unidad entre el ejército y el pueblo, entre el ejército y los organismos gubernamentales y entre nuestras tropas y las tropas amigas. Todo lo que perjudique la unidad debe ser eliminado.

"Sobre el gobierno de coalición" (24 de abril de 1945), *Obras Escogidas*, t. III.

XXVI.   DISCIPLINA

En el seno del pueblo, la democracia es correlativa al centralismo, y la libertad, a la disciplina.   En ambos casos se trata de dos aspectos opuestos de un todo único, contradictorios y a la vez unidos; no debemos destacar unilateralmente uno de ellos, negando el otro. En el seno del pueblo, no se puede prescindir de la libertad, ni tampoco de la disciplina; no se puede prescindir de la democracia, ni tampoco del centralismo.   Esta unidad de democracia y centralismo, y de libertad y disciplina, constituye nuestro centralismo democrático.   Bajo este sistema, el pueblo disfruta de amplia democracia y libertad, pero al mismo tiempo debe mantenerse dentro de los límites de la disciplina socialista.

> "Sobre el tratamiento correcto de las contradicciones en el seno del pueblo" (27 de febrero de 1957).

Es necesario reafirmar la disciplina del Partido, que consiste en: 1) la subordinación del militante a la organización; 2) la subordinación de la minoría a la mayoría; 3) la subordinación del nivel inferior al superior, y 4) la subordinación de todo el Partido al Comité Central. Quien viola estas reglas de disciplina, socava la unidad del Partido.

> "El papel del Partido Comunista de China en la guerra nacional" (octubre de 1938), *Obras Escogidas*, t. II.

La disciplina del Partido exige, entre otras cosas, que la minoría se someta a la mayoría. La minoría, aun en el caso de que su opinión haya sido rechazada, debe apoyar la decisión aprobada por la mayoría. Si lo estima necesario, puede volver a presentar el asunto en la reunión siguiente para su consideración, pero de ningún modo debe actuar en contra de la decisión ya adoptada.

"Sobre la rectificación de las ideas erróneas en el Partido" (diciembre de 1929), *Obras Escogidas*, t. I.

Las Tres Reglas Cardinales de Disciplina son las siguientes:

1) Obedecer las órdenes en todas las acciones.

2) No tomar a las masas ni una sola aguja ni una sola hebra de hilo.

3) Entregar todas las cosas capturadas.

Las Ocho Advertencias son las siguientes:

1) Hablar con cortesía.

2) Pagar con honradez lo que se compre.

3) Devolver toda cosa solicitada en préstamo.

4) Indemnizar por todo objeto dañado.

5) No pegar ni injuriar a la gente.

6) No estropear los cultivos.

7) No tomarse libertades con las mujeres.

8) No maltratar a los prisioneros.

> "Instrucciones del Alto Mando del Ejército Popular de Liberación de China sobre la nueva promulgación de las Tres Reglas Cardinales de Disciplina y las Ocho Advertencias" (10 de octubre de 1947), *Obras Escogidas,* t. IV.

Deben elevar [los oficiales y soldados de nuestro ejército] su sentido de la disciplina y, en forma resuelta, cumplir las órdenes, aplicar nuestra política, observar las Tres Reglas Cardinales de Disciplina y las Ocho Advertencias y fortalecer la unidad entre el ejército y el pueblo, entre el ejército y el gobierno, entre los oficiales y los soldados, y la unidad de todo el ejército; no será tolerada ninguna infracción de la disciplina.

"Manifiesto del Ejército Popular de Liberación de China" (octubre de 1947), *Obras Escogidas*, t. IV.

XXVII. CRÍTICA Y AUTOCRÍTICA

El Partido Comunista no teme la crítica porque somos marxistas, la verdad está de nuestro lado, y las masas básicas, los obreros y campesinos, están con nosotros.

> "Discurso ante la Conferencia Nacional del Partido Comunista de China sobre el Trabajo de Propaganda" (12 de marzo de 1957).

Los materialistas consecuentes son intrépidos; esperamos que todos los que luchan a nuestro lado asuman valientemente sus responsabilidades, superen las dificultades y no tengan miedo a los reveses o las burlas, ni vacilen en criticarnos a nosotros, los comunistas, y brindarnos sus sugerencias. "Quien no teme morir cortado en mil pedazos, se atreve a desmontar al emperador": éste es el espíritu intrépido que necesitamos en nuestra lucha por el socialismo y el comunismo.

Ibíd.

Tenemos el arma marxista-leninista de la crítica y la autocrítica. Podemos deshacernos del mal estilo y conservar el bueno.

"Informe ante la II Sesión Plenaria del Comité Central elegido en el VII Congreso Nacional del Partido Comunista de China" (5 de marzo de 1949), *Obras Escogidas*, t. IV.

Practicar a conciencia la autocrítica es otro rasgo que distingue a nuestro Partido de los demás partidos políticos. Hemos dicho que la habitación se debe limpiar regularmente, porque de otra manera se amontonará el polvo, y que tenemos que lavarnos la cara regularmente, porque de otra manera se nos cubrirá de mugre. La mente de nuestros camaradas y el trabajo de nuestro Partido pueden cubrirse de polvo y deben ser limpiados y lavados. "El agua corriente no se corrompe y a los goznes de la puerta no los carcomen los gusanos." Este proverbio expresa cómo el movimiento constante impide el ataque de los microbios y otros organismos. Revisar regularmente nuestro trabajo, desarrollar durante el proceso de revisión el estilo democrático de trabajo, no temer a la crítica ni a la autocrítica y aplicar aquellas máximas populares chinas tan buenas como "di todo lo que sepas y dilo sin reservas", "no culpes al que hable, antes bien, toma sus palabras como una advertencia" y "corrige tus errores, si los has cometido, y guárdate de ellos si no has cometido ninguno": he aquí la única forma eficaz de evitar que el polvo y microbios políticos infecten la mente de nuestros camaradas y el cuerpo de nuestro Partido.

"Sobre el gobierno de coalición" (24 de abril de 1945), *Obras Escogidas*, t. III.

Dentro del Partido se producen constantemente oposición y lucha entre diferentes ideas. Este es el reflejo, en el Partido, de las contradicciones entre las clases y entre lo nuevo y lo viejo en la sociedad. Si en el Partido no hubiera contradicciones ni luchas ideológicas para resolverlas, la vida del Partido tocaría a su fin.

"Sobre la contradicción" (agosto de 1937), *Obras Escogidas*, t. I.

Estamos por la lucha ideológica activa, pues ella es el arma que garantiza la unidad interna del Partido y demás organizaciones revolucionarias en beneficio del combate. Todos los comunistas y revolucionarios deben empuñar esta arma.

Pero, el liberalismo rechaza la lucha ideológica y propugna una paz sin principios, dando origen a un estilo decadente y filisteo, que conduce a la degeneración política de algunas entidades y miembros

en el Partido y demás organizaciones revolucionarias.

"Contra el liberalismo" (7 de
septiembre de 1937), *Obras Escogidas*, t. II.

Al luchar contra el subjetivismo, el sectarismo y el estilo de clisé en el Partido,
debemos tener presentes dos principios:
primero, "sacar lecciones de los errores
pasados para evitarlos en el futuro", y segundo, "tratar la enfermedad para salvar
al paciente". Hay que poner al descubierto,
sin tener consideraciones con nadie, todos
los errores pasados, y analizar y criticar en
forma científica todo lo malo en el pasado,
para que en el futuro el trabajo se realice
más cuidadosamente y mejor. Eso es lo
que quiere decir "sacar lecciones de los
errores pasados para evitarlos en el futuro".
Pero, al denunciar los errores y criticar los
defectos, lo hacemos, igual que un médico
trata un caso, únicamente para salvar al
paciente y no para matarlo. Una persona
con apendicitis se salvará si el cirujano le

extrae el apéndice. Si una persona que ha cometido errores no oculta su enfermedad por temor al tratamiento, ni persiste en sus errores hasta hacerse incurable, sino que, honesta y sinceramente, desea curarse y enmendarse, debemos acogerla y curarle la enfermedad para que se convierta en un buen camarada. Jamás podremos lograr éxito si nos dejamos llevar por un impulso momentáneo y la fustigamos sin mesura. No se puede tratar con imprudencia enfermedades ideológicas o políticas; hay que adoptar el único método adecuado y eficaz: "tratar la enfermedad para salvar al paciente".

> "Rectifiquemos el estilo de trabajo en el Partido" (1º de febrero de 1942), *Obras Escogidas*, t. III.

Con relación a la crítica en el seno del Partido, es preciso mencionar otro punto: al hacer críticas, algunos camaradas pasan por alto las cuestiones importantes y limitan su atención a las mezquinas. No comprenden que la tarea principal de la crítica es indicar los errores políticos y de organización. Por lo que respecta a los defectos personales, a menos que estén vinculados a errores políticos o de organización, no hay que censurarlos demasiado para no sumir a los camaradas en el desconcierto. Además, si semejante crítica se desarrolla, la atención de los miembros del Partido se concentrará exclusivamente en defectos de poca monta, y todos se volverán tímidos y cautelosos y olvidarán las tareas políticas del Partido. Esto es un grave peligro.

"Sobre la rectificación de las ideas erróneas en el Partido" (diciembre de 1929), *Obras Escogidas*, t. I.

En la crítica en el seno del Partido, debemos evitar el subjetivismo, los juicios arbitrarios y la trivialidad; toda afirmación debe fundarse en hechos y toda crítica debe tener sentido político.

Ibíd.

La crítica dentro del Partido es un arma para fortalecer sus organizaciones y aumentar su capacidad de combate. Pero en la organización del Partido en el Ejército Rojo, a veces la crítica adquiere otro carácter: se convierte en ataque personal. A consecuencia de ello, son perjudicados tanto los individuos como la organización del Partido. Esta es una manifestación de individualismo pequeñoburgués. El método de rectificación es ayudar a los miembros del Partido a comprender que la crítica tiene por objeto aumentar la capacidad de combate del Partido a fin de lograr la victoria en la lucha de clases, y que no debe ser utilizada como instrumento para realizar ataques personales.

Ibíd.

Servimos al pueblo y por eso no tememos que se nos señalen y critiquen los defectos que tengamos. Cualquiera, sea quien fuere, puede señalárnoslos. Si tiene razón, los corregiremos. Si lo que propone beneficia al pueblo, actuaremos de acuerdo con ello.

"Servir al pueblo" (8 de septiembre de 1944), *Obras Escogidas*, t. III.

Los comunistas chinos, que en todas nuestras acciones partimos de los intereses supremos de las grandes masas del pueblo chino, estamos convencidos de la completa justicia de nuestra causa, no nos detenemos ante ningún sacrificio personal y estamos dispuestos en todo momento a dar nuestras vidas por esta causa, ¿cómo podríamos entonces ser reacios a desprendernos de las ideas, puntos de vista, opiniones o métodos que no respondan a las necesidades del pueblo? ¿Cómo podríamos alegrarnos de que el polvo y microbios políticos ensucien nuestros limpios rostros e infecten nuestros sanos cuerpos? Incontables mártires revolucionarios han ofrendado sus vidas por los intereses del pueblo, y a los vivos se nos llena de dolor el corazón cada vez que les recordamos. ¿Habrá interés personal que no podamos sacrificar o error que no podamos superar?

"Sobre el gobierno de coalición" (24 de abril de 1945), *Obras Escogidas*, t. III.

Nunca debemos sentirnos satisfechos con nuestros éxitos. Debemos refrenar la autosatisfacción y criticar constantemente nuestros defectos, al igual que nos lavamos la cara y barremos el suelo diariamente para quitar el polvo y mantenerlos limpios.

"Organicémonos" (29 de noviembre de 1943), *Obras Escogidas*, t. III.

La crítica debe hacerse a tiempo; no hay que dejarse llevar por el hábito de criticar sólo después de consumados los hechos.

"Sobre el problema de la cooperativización agrícola" (31 de julio de 1955).

Aleccionados por los errores y reveses, hemos aguzado nuestro ingenio y maneja-

mos mejor nuestros asuntos. Es difícil para
cualquier partido político o persona evitar
los errores, pero debemos tratar de cometer
los menos posibles. Si cometemos un error,
debemos corregirlo, y cuanto más rápidamente y más a fondo, mejor.

"Sobre la dictadura democrática
popular" (30 de junio de 1949),
Obras Escogidas, t. IV.

XXVIII. COMUNISTAS

El comunista debe ser sincero y franco, leal y activo, poner los intereses de la revolución por encima de su propia vida y subordinar sus intereses personales a los de la revolución. En cualquier momento y dondequiera que esté, ha de adherirse a los principios justos y luchar infatigablemente contra todas las ideas y acciones erróneas, a fin de consolidar la vida colectiva del Partido y su ligazón con las masas; ha de preocuparse más por el Partido y las masas que por ningún individuo, y más por los demás que por sí mismo. Sólo una persona así es digna de llamarse comunista.

> "Contra el liberalismo" (7 de septiembre de 1937), *Obras Escogidas*, t. II.

Hay que hacer comprender a cada camarada que el criterio supremo para juzgar las palabras y actos de un comunista reside en precisar si éstos concuerdan con los más altos intereses de la abrumadora mayoría del pueblo y si se ganan su apoyo.

"Sobre el gobierno de coalición" (24 de abril de 1945), *Obras Escogidas,* t. III.

En ningún momento y bajo ninguna circunstancia, puede el comunista poner en primer lugar sus intereses personales; al contrario, debe subordinarlos a los intereses de la nación y de las masas populares. De ahí que el egoísmo, el desgano en el trabajo, la corrupción, el afán de figurar, etc., sean lo más despreciable, mientras que merezcan respeto la entrega abnegada, el entusiasmo y la energía en el trabajo, la dedicación de todo corazón al deber público y el esfuerzo concienzudo y tenaz.

"El papel del Partido Comunista de China en la guerra nacional" (octubre de 1938), *Obras Escogidas,* t. II.

Los comunistas deben estar dispuestos en todo momento a perseverar en la verdad, porque la verdad concuerda con los intereses del pueblo; los comunistas deben estar dispuestos en todo momento a corregir sus errores, porque todo error va en contra de los intereses del pueblo.

> "Sobre el gobierno de coalición" (24 de abril de 1945), *Obras Escogidas*, t. III.

Frente a cualquier cosa, los comunistas tienen siempre que preguntar el porqué y usar su propio juicio para examinar cuidadosamente si corresponde a la realidad y si está bien fundada; no deben en absoluto seguir ciegamente a otros ni preconizar el servilismo.

> "Rectifiquemos el estilo de trabajo en el Partido" (1° de febrero de 1942), *Obras Escogidas*, t. III.

Debemos alentar a los camaradas a tener plenamente en cuenta los intereses del todo. Cada miembro del Partido, cada rama de trabajo, cada palabra y cada acción deben tener como punto de partida los intereses de todo el Partido. No será tolerada en absoluto ninguna violación de este principio.

Ibid.

Los comunistas deben ser ejemplares tanto por su sentido práctico como por su previsión y clarividencia, porque únicamente el sentido práctico les permitirá cumplir las tareas asignadas, y sólo la previsión y la clarividencia les impedirán extraviarse en el avance.

"El papel del Partido Comunista de China en la guerra nacional" (octubre de 1938), *Obras Escogidas,* t. II.

Los comunistas deben ser los más perspicaces, los más dispuestos a sacrificarse, los más firmes y los más capaces de apreciar las situaciones sin ideas preconcebidas;

tienen que apoyarse en la mayoría de las masas y conquistar su apoyo.

> "Las tareas del Partido Comunista de China en el período de la resistencia al Japón" (3 de mayo de 1937), *Obras Escogidas*, t. I.

Los comunistas deben asimismo dar ejemplo en el estudio. En todo momento, deben ser alumnos de las masas populares a la vez que sus maestros.

> "El papel del Partido Comunista de China en la guerra nacional" (octubre de 1938), *Obras Escogidas*, t. II.

Los comunistas, al trabajar en los movimientos de masas, deben comportarse como amigos de las masas populares y no como sus superiores, como sus maestros infatigables y no como politiqueros burócratas.

> *Ibíd.*

Los comunistas jamás deben separarse de la mayoría de las masas, ni dirigir sólo a unos cuantos contingentes progresistas en un avance temerario, sin tener en cuenta la situación de la mayoría; deben preocuparse por forjar estrechos vínculos entre los elementos avanzados y las grandes masas. Esto es lo que significa pensar en la mayoría.

Ibid.

Los comunistas somos como la semilla y el pueblo como la tierra. Dondequiera que vayamos, debemos unirnos con el pueblo, echar raíces y florecer en él.

"Sobre las negociaciones de Chungching" (17 de octubre de 1945), *Obras Escogidas*, t. IV.

En todo lo que hacemos, los comunistas debemos saber vincularnos con las masas. Si los miembros de nuestro Partido se pasan la vida entre cuatro paredes, a cubierto de la tempestad y apartados del mundo, ¿podrán servir para algo al pueblo chino? No, en absoluto; no necesitamos semejantes personas como miembros del Partido. Los comunistas debemos salir al encuentro de la tempestad y enfrentar el mundo: la poderosa tempestad y el gran mundo de la lucha de masas.

> "Organicémonos" (29 de noviembre de 1943), *Obras Escogidas*, t. III.

El papel de vanguardia de los comunistas y su ejemplo tienen una importancia vital. En el VIII Ejército y el Nuevo 4° Cuerpo de Ejército, los comunistas deben sentar un ejemplo de valentía en el combate, un ejemplo en la ejecución de las órdenes, la observancia de la disciplina, la realización del trabajo político y el afianzamiento de la cohesión y la unidad internas.

> "El papel del Partido Comunista de China en la guerra nacional" (octubre de 1938), *Obras Escogidas*, t. II.

El comunista nunca debe creerse infalible ni comportarse en forma altanera, pensando que sobresale en todo mientras los demás no tienen nada bueno; jamás debe encerrarse en su pequeña habitación, ni fanfarronear, ni actuar como tiranuelo.

> "Discurso pronunciado ante la Asamblea de Representantes de la Región Fronteriza de Shensí-Kansú-Ningsia" (21 de noviembre de 1941), *Obras Escogidas,* t. III.

Los comunistas deben escuchar las opiniones de las personalidades no pertenecientes al Partido, y darles oportunidad de expresarse. Si lo que dicen es correcto, debemos aplaudirlo y aprender de sus puntos fuertes; incluso si no tienen razón, debemos dejarles terminar sus palabras y, luego, darles con paciencia las explicaciones necesarias.

> *Ibíd.*

A aquellos que han cometido errores en su trabajo, salvo los elementos incorregibles, los comunistas no deben dejarlos de lado, sino al contrario, deben persuadirlos para que se transformen y emprendan un nuevo camino.

> "El papel del Partido Comunista de China en la guerra nacional" (octubre de 1938), *Obras Escogidas,* t. II.

Los comunistas no deben desdeñar o menospreciar a las personas políticamente atrasadas, sino acercarse a ellas, unirse con ellas, convencerlas y alentarlas a progresar.

> *Ibid.*

XXIX. CUADROS

Para asegurar que nuestro Partido y nuestro país no cambien de color, debemos no sólo tener una línea y una política correctas, sino también preparar y forjar decenas de millones de continuadores de la causa revolucionaria del proletariado.

El problema de la formación de continuadores de la causa revolucionaria del proletariado se refiere, en el fondo, a si la causa revolucionaria marxista-leninista iniciada por los revolucionarios proletarios de la vieja generación contará con quienes la sigan llevando adelante, si la dirección de nuestro Partido y nuestro Estado seguirá en manos de los revolucionarios proletarios, si nuestros descendientes proseguirán avanzando por el justo camino trazado por el marxismo-leninismo, esto es, se refiere a si podremos precavernos con éxito contra la aparición del revisionismo jruschovista en China. En una palabra, se trata de un problema importantísimo que afecta al destino, a la existencia misma de nuestro Partido y nuestro Estado. Se trata de un problema de importancia fundamental para la causa revolucionaria del proletariado por cien, mil e incluso diez mil años. Basándose en los cambios operados en la Unión Soviética, los agoreros imperialistas depositan sus esperanzas de "evolución pacífica" en la tercera o cuarta generación del Partido chino. Haremos fracasar completamente este presagio imperialista. En todas partes, desde las organizaciones más elevadas hasta la base, debemos prestar constante atención al problema de preparar y forjar continuadores de la causa revolucionaria.

¿Qué requisitos han de llenar los continuadores de la causa revolucionaria del proletariado?

Deben ser verdaderos marxista-leninistas, y no, como Jruschov, revisionistas disfrazados de marxista-leninistas.

Deben ser revolucionarios que sirven de todo corazón a la inmensa mayoría de las masas populares de China y del mundo, y no individuos como Jruschov, que sirve a los intereses de una exigua capa social burguesa privilegiada en su país, y a los intereses del imperialismo y la reacción en el plano internacional.

Deben ser políticos proletarios capaces de unirse con la inmensa mayoría para trabajar con ella. No sólo deben unirse con quienes compartan sus opiniones, sino también saber unirse con los que sostengan opiniones diferentes e incluso con los que se hayan opuesto a ellos y cuyos errores hayan sido probados por la práctica. Sin embargo, deben estar especialmente vigilantes contra los arribistas y conspiradores como Jruschov, y evitar que tales malvados usurpen, sea al nivel que fuere, la dirección del Partido y del Estado.

Deben aplicar de modo ejemplar el centralismo democrático del Partido, dominar el método de dirección basado en el principio de "de las masas, a las masas", cultivar un estilo democrático de trabajo y saber escuchar la voz de las masas. No deben minar el centralismo democrático del Partido, ser despóticos, organizar ataques por sorpresa contra los camaradas, ni actuar de modo arbitrario y dictatorial, como lo hace Jruschov.

Deben ser modestos y prudentes, guardarse de la arrogancia y la precipitación, estar penetrados del espíritu autocrítico, ser valientes para corregir las deficiencias y errores en el trabajo. Jamás deben encubrir sus errores, atribuirse a sí mismos todos los méritos e imputar a otros todas las culpas, como lo hace Jruschov.

Los continuadores de la causa revolucionaria del proletariado nacen de la lucha de masas y crecen y se forjan en las grandes tempestades revolucionarias. Hay que probar y valorar a los cuadros y seleccionar y formar a los continuadores en el curso de la prolongada lucha de masas.

Pasaje citado en *Acerca del falso comunismo de Jruschov y sus lecciones históricas para el mundo* (14 de julio de 1964).

Nuestro Partido debe extender sus organizaciones a todo el país, formar conscientemente a decenas de miles de cuadros y disponer de centenares de excelentes dirigentes de masas. Deben ser cuadros y dirigentes versados en marxismo-leninismo, perspicaces en lo político y competentes en el trabajo, imbuidos de espíritu de sacrificio, capaces de resolver independientemente los problemas, indoblegables ante las dificultades y fieles en su servicio a la nación, a la clase y al Partido. Apoyándose en ellos, el Partido asegurará su ligazón con sus militantes y las masas, y apoyándose en la firme dirección de ellos sobre las masas, el Partido logrará vencer al enemigo. Ser ajenos al egoísmo, al heroísmo individualista y la ostentación, a la indolencia y la pasividad y al sectarismo altanero, y ser desinteresados héroes de la nación y de la clase: he aquí las cualidades y el estilo de trabajo que se exige de los militantes, cuadros y dirigentes de nuestro Partido.

> "Luchemos para incorporar a las masas por millones al frente único nacional antijaponés" (7 de mayo de 1937), *Obras Escogidas*, t. I.

Una vez determinada la línea política, los cuadros constituyen un factor decisivo. Por consiguiente, es nuestra tarea de lucha preparar planificadamente una gran cantidad de nuevos cuadros.

> "El papel del Partido Comunista de China en la guerra nacional" (octubre de 1938), *Obras Escogidas*, t. II.

El criterio que debe aplicar el Partido Comunista en su política de cuadros es ver si éstos llevan adelante con firmeza la línea del Partido, observan su disciplina, mantienen vínculos estrechos con las masas, poseen la capacidad de orientarse independientemente en el trabajo y son activos, empeñosos y desinteresados. Esto es lo que significa "designar a la gente según sus cualidades".

Ibid.

Hay que persistir firmemente en el sistema de la participación de los cuadros en el trabajo colectivo de producción. Los cuadros de nuestro Partido y nuestro Estado son trabajadores comunes y no señores que cabalgan sobre el pueblo. Participando en el trabajo colectivo de producción, los cuadros mantienen los vínculos más amplios, constantes y estrechos con el pueblo trabajador. Esta es una medida cardinal y de importancia fundamental en el sistema socialista, una medida que contribuye a superar el burocratismo y a prevenir el revisionismo y el dogmatismo.

Pasaje citado en *Acerca del falso comunismo de Jruschov y sus lecciones históricas para el mundo* (14 de julio de 1964).

Debemos saber valorar a los cuadros. No los juzguemos únicamente por un breve período de su actividad o por un solo hecho de su vida, sino también por todo su pasado y todo su trabajo. Este es el método principal para valorar a los cuadros.

"El papel del Partido Comunista de China en la guerra nacional" (octubre de 1938), *Obras Escogidas*, t. II.

Debemos saber utilizar a los cuadros. En resumen, el dirigente tiene dos responsabilidades principales: formular ideas y utilizar a los cuadros. Hacer planes, tomar decisiones, dar órdenes y directivas, etc., entran en el concepto de "formular ideas". Para poner en práctica las ideas, el dirigente tiene que unir a los cuadros e impulsarlos a la acción. Esto entra en el concepto de "utilizar a los cuadros".

Ibíd.

Debemos saber preocuparnos por los cuadros. El método para hacerlo es el siguiente:

Primero, orientarlos en su trabajo. Esto implica dejarlos desplegar su iniciativa en el trabajo para que se atrevan a asumir responsabilidades y, al mismo tiempo, darles indicaciones oportunas para que, a la luz de la línea política del Partido, puedan poner en pleno juego su espíritu creador.

Segundo, elevar su nivel. Esto significa brindarles la oportunidad de estudiar y educarlos, de modo que eleven su preparación teórica y su capacidad en el trabajo.

Tercero, controlar su trabajo y ayudarles a sintetizar sus experiencias, a desarrollar sus éxitos y a corregir sus errores. No es la forma de preocuparse por los cuadros confiarles una tarea sin controlar su ejecución, y prestarles atención sólo cuando cometen errores graves.

Cuarto, emplear, en general, el método de la persuasión con los cuadros que hayan cometido errores y ayudarles a corregirlos. Sólo se puede recurrir al método de la lucha con los que hayan cometido errores' graves y rechacen toda guía. En todo esto, la paciencia es necesaria. No es correcto calificar a la ligera de "oportunista" a la gente ni empezar precipitadamente a "organizar luchas" contra ella.

Quinto, ayudarles en sus dificultades. Cuando un cuadro cae enfermo o tropieza con dificultades materiales, familiares, etc., tenemos que prestarle toda la atención posible.

Es así cómo hemos de preocuparnos por los cuadros.

Ibíd.

Un grupo dirigente, verdaderamente unido y vinculado con las masas, sólo puede formarse gradualmente en el proceso de la lucha de las masas, y no al margen de ella. En el curso de una gran lucha, la composición del grupo dirigente no debe ni puede, en la mayoría de los casos, permanecer enteramente invariable en las etapas inicial, media y final. Es necesario promover constantemente a los activistas surgidos en el curso de la lucha, para sustituir a los miembros originales del grupo dirigente que resulten inferiores en comparación con ellos o que hayan degenerado.

"Algunas cuestiones sobre los métodos de dirección" (1º de junio de 1943), *Obras Escogidas,* t. III.

Si nuestro Partido no cuenta con una plena cooperación entre las amplias masas de cuadros nuevos y los viejos cuadros, nuestra causa se detendrá a medio camino. Por eso, todos los viejos cuadros deben acoger con gran cariño a los cuadros nuevos y mostrarles la mayor solicitud. Es cierto que los cuadros nuevos tienen sus defectos. Como no hace mucho que participan en la revolución, les falta experiencia y es lógico que algunos de ellos conserven rastros de la viciosa ideología de la vieja sociedad, residuos de la ideología individualista pequeñoburguesa. Pero esos defectos pueden ser eliminados gradualmente a través de la educación y el temple en la revolución. Las cualidades de los nuevos cuadros residen, como señaló Stalin, en que tienen un agudo sentido de lo nuevo y, por lo tanto, poseen gran entusiasmo y gran actividad, cualidades de que carecen algunos cuadros viejos. Los cuadros, nuevos y viejos, deben respetarse mutuamente, aprender los unos de los otros, superar las debilidades propias aprendiendo de las cualidades de los demás, para así unirse como un solo hombre en bien de la causa común y prevenir las tendencias sectarias.

"Rectifiquemos el estilo de trabajo en el Partido" (1° de febrero de 1942), *Obras Escogidas*, t. III.

Tenemos que preocuparnos no sólo por los cuadros del Partido sino también por los que no militan en él. Fuera del Partido hay muchas personas capaces, y los comunistas no podemos ignorarlas. Es deber de cada comunista deshacerse de toda presunción, saber trabajar junto con los cuadros que no militan en el Partido, proporcionarles sincera ayuda, tratarlos con calor como a camaradas y orientar su actividad hacia la gran causa de la guerra contra los agresores japoneses y de la construcción del país.

"El papel del Partido Comunista de China en la guerra nacional" (octubre de 1938), *Obras Escogidas*, t. II.

XXX. JÓVENES

El mundo es vuestro, y también nuestro; pero, en última instancia, es vuestro. Los jóvenes, plenos de vigor y vitalidad, se encuentran en la primavera de la vida, como el sol a las ocho o nueve de la mañana. En ustedes depositamos nuestras esperanzas.

[...]

El mundo les pertenece. El futuro de China les pertenece.

> Conversación con estudiantes y practicantes chinos en Moscú (17 de noviembre de 1957).

Es necesario hacer comprender a toda la juventud que nuestro país es todavía muy pobre, que esta situación no se podrá cambiar radicalmente en un plazo breve y que sólo mediante sus esfuerzos mancomunados, la joven generación y todo el pueblo podrán convertir a China, con sus propias manos, en un país próspero y poderoso en el curso de algunos decenios. La instauración del sistema socialista nos ha abierto el camino que conduce a la sociedad ideal, pero para que ésta se haga realidad tenemos que trabajar duramente.

"Sobre el tratamiento correcto de las contradicciones en el seno del pueblo" (27 de febrero de 1957).

Una buena parte de la juventud, por falta de experiencia política y social, no sabe comparar la Nueva China con la vieja; no le resulta fácil comprender a fondo ni las incontables penalidades que nuestro pueblo ha experimentado en su lucha para liberarse de la opresión del imperialismo y de la reacción kuomintanista, ni el largo período de arduo trabajo necesario para

construir una bella sociedad socialista. He
aquí por qué debemos realizar constantemente una educación política viva y eficaz
entre las masas, decirles siempre la verdad
sobre cualquier dificultad que surja y estudiar con ellas la manera de resolverla.

Ibíd.

La juventud es la fuerza más activa y
vital de la sociedad. Los jóvenes son los
más ansiosos de aprender, y los menos con-
servadores en su pensamiento. Así son especialmente en la época del socialismo.
Esperamos que las organizaciones del Partido en todos los lugares, en colaboración
con las organizaciones respectivas de la Liga de la Juventud, estudien con atención la
forma de desplegar en particular la energía
de los jóvenes, y que no los traten igual
que a todos ni pasen por alto sus características peculiares. Desde luego que los
jóvenes tienen que aprender de los viejos y demás adultos y hacer todo lo posible

para emprender, con el consentimiento de éstos, toda clase de actividades útiles.

Nota de introducción al artículo "Una brigada juvenil de choque de la Cooperativa de Producción Agrícola N.º 9 del cantón de Sinping, distrito de Chungshan" (1955), *El auge socialista en el campo chino.*

¿Cómo juzgar si un joven es revolucionario? ¿Cómo discernirlo? Sólo hay un criterio: si está dispuesto a fundirse, y se funde en la práctica, con las grandes masas obreras y campesinas. Es revolucionario si lo quiere hacer y lo hace; de otro modo es no-revolucionario o contrarrevolucionario. Si se identifica hoy con las masas obreras y campesinas, es hoy revolucionario; si mañana deja de hacerlo o pasa a oprimir a la gente sencilla, se transformará en no-revolucionario o en contrarrevolucionario.

"La orientación del movimiento juvenil" (4 de mayo de 1939), *Obras Escogidas*, t. II.

Mientras no se han incorporado de todo corazón a las luchas revolucionarias de las masas y no se deciden a servir a los intereses de las masas y a fundirse con ellas, los intelectuales tienden a menudo al subjetivismo y al individualismo, y se muestran poco prácticos en su pensamiento y vacilantes en su acción. Por consiguiente, aunque la gran masa de intelectuales revolucionarios de China desempeñan un papel de vanguardia y sirven de puente con las masas, no todos continúan siendo revolucionarios hasta el fin. Una parte de ellos abandonan las filas revolucionarias en los momentos críticos y se hunden en la pasividad, mientras que un pequeño número incluso se convierten en enemigos de la revolución. Los intelectuales sólo pueden superar estos defectos en la misma lucha prolongada de las masas.

"La revolución china y el Partido Comunista de China" (diciembre de 1939), *Obras Escogidas*, t. II.

Además de continuar coordinando sus actividades con la tarea central del Partido, la Liga de la Juventud debe realizar su propio trabajo, que responde a las características de los jóvenes. La Nueva China debe pensar en la juventud y preocuparse por el crecimiento de la joven generación. Los jóvenes tienen que estudiar y trabajar, pero, como se hallan en la edad del crecimiento físico, debemos prestar atención tanto a su trabajo y estudio como a sus actividades recreativas y deportivas y a su descanso.

Directivas dadas en la recepción al Presídium del II Congreso Nacional de la Liga de la Juventud (30 de junio de 1953).

XXXI. MUJERES

En China, los hombres viven dominados
generalmente por tres sistemas de autoridad
[la autoridad política, la de clan y la religiosa — *N. de la Red.*], [. . .] En cuanto
a las mujeres, además de estar sometidas a
estos tres sistemas de autoridad, se encuentran dominadas por los hombres (la autoridad marital). Estas cuatro formas de
autoridad — política, de clan, religiosa y
marital — encarnan la ideología y el sistema
feudo-patriarcales en su conjunto y son
cuatro gruesas sogas que mantienen amarra-
do al pueblo chino, y en particular al campesinado. Se ha descrito más arriba cómo
los campesinos derrocan la autoridad política de los terratenientes en el campo, que
constituye el pilar de los demás sistemas

de autoridad. Con el derrocamiento de la autoridad política de los terratenientes, comienzan a tambalear la autoridad de clan, la religiosa y la marital. [. . .] En lo que concierne a la autoridad marital, siempre ha sido relativamente débil en las familias de los campesinos pobres porque las mujeres de estas familias, por necesidad económica, tienen que hacer más trabajo físico que las mujeres de las clases acomodadas y, en consecuencia, tienen mayor derecho a hablar y a decidir en los asuntos familiares. En los últimos años, con la creciente ruina de la economía rural, se ha minado la base de la dominación del hombre sobre la mujer. Y recientemente, con el surgimiento del movimiento campesino, las mujeres han comenzado en muchos lugares a organizar uniones de mujeres campesinas; ha llegado para ellas la hora de levantar la cabeza, y la autoridad marital es sacudida día a día. En una palabra, con el crecimiento del poder de los campesinos, están tambaleando la ideología y el sistema feudo-patriarcales en su conjunto.

"Informe sobre la investigación del movimiento campesino en Junán" (marzo de 1927), *Obras Escogidas,* t. I.

Uníos, tomad parte en la producción y las actividades políticas para mejorar la situación económica y política de la mujer.

Epígrafe para la revista *Mujeres de la Nueva China*, N.º 1, 20 de julio de 1949.

Proteger los intereses de la juventud, la mujer y la infancia — prestar ayuda a los estudiantes refugiados; ayudar a los jóvenes y las mujeres a organizarse para participar, en pie de igualdad con los demás, en todas las actividades que contribuyan a la guerra de resistencia contra los invasores japoneses y al progreso social; asegurar la libertad de matrimonio y la igualdad entre

el hombre y la mujer, y dar a los niños y
jóvenes una educación útil; [...]

"Sobre el gobierno de coalición"
(24 de abril de 1945), *Obras Escogidas*, t. III.

Nuestra tarea fundamental en la producción agrícola es reajustar en forma
organizada el empleo de la fuerza de trabajo y alentar a las mujeres a participar en
la producción.

"Nuestra política económica" (23
de enero de 1934), *Obras Escogidas*, t. I.

Con el fin de construir una gran sociedad
socialista, es de suma importancia movilizar a las grandes masas de mujeres para
que se incorporen a las actividades productivas. En la producción, hombres y mujeres deben recibir igual salario por igual
trabajo. Sólo en el proceso de la transformación socialista de la sociedad en su

conjunto, se podrá alcanzar una auténtica igualdad entre ambos sexos.

Nota de introducción al artículo "Las mujeres se integran al frente de trabajo" (1955), *El auge socialista en el campo chino*.

Después de consumada la cooperativización agrícola, muchas cooperativas se encuentran con escasez de mano de obra. Se ha hecho necesario movilizar a la gran masa de mujeres que no trabajan en los campos para incorporarlas al frente laboral. [...] Las mujeres chinas constituyen una importante reserva de fuerza de trabajo, reserva que debe ser movilizada para la lucha por construir un gran país socialista.

Nota de introducción al artículo "Se ha solucionado la escasez de mano de obra movilizando a las mujeres para la producción" (1955), *El auge socialista en el campo chino*.

Toda mujer capaz de trabajar debe ocupar su puesto en el frente laboral según el principio de "a igual trabajo, igual salario", exigencia que debe realizarse lo antes posible.

> Nota de introducción al artículo "El programa de la Federación de Mujeres Democráticas del distrito de Singtai para el trabajo entre las mujeres en el curso del movimiento de cooperativización agrícola" (1955), *El auge socialista en el campo chino.*

XXXII. CULTURA Y ARTE

En el mundo actual, toda cultura, toda literatura y arte pertenecen a una clase determinada y están subordinados a una línea política determinada. No existe, en realidad, arte por el arte, ni arte que esté por encima de las clases, ni arte que se desarrolle al margen de la política o sea independiente de ella. La literatura y el arte proletarios son parte de la causa de la revolución proletaria en su conjunto; son, como decía Lenin, engranajes y tornillos del mecanismo general de la revolución.

> "Intervenciones en el Foro de Yenán sobre Literatura y Arte" (mayo de 1942), *Obras Escogidas*, t. III.

La cultura revolucionaria es una poderosa arma revolucionaria para las grandes masas del pueblo. Antes de la revolución, prepara ideológicamente el terreno, y durante ella, constituye una parte necesaria e importante del frente general de la revolución.

> "Sobre la nueva democracia" (enero de 1940), *Obras Escogidas*, t. II.

Nuestra literatura y nuestro arte sirven a las grandes masas del pueblo, y en primer lugar a los obreros, campesinos y soldados; se crean para ellos y son utilizados por ellos.

> "Intervenciones en el Foro de Yenán sobre Literatura y Arte" (mayo de 1942), *Obras Escogidas*, t. III.

Nuestros trabajadores de la literatura y el arte tienen que cumplir esta tarea; tienen que cambiar de posición, pasarse gradualmente al lado de los obreros, campesinos y soldados, al lado del proletariado, adentrándose en ellos, incorporándose a la lucha práctica y estudiando el marxismo y la sociedad. Sólo así podremos crear una literatura y un arte verdaderamente al servicio de los obreros, campesinos y soldados, una literatura y un arte verdaderamente proletarios.

Ibíd.

[Nuestro propósito es] asegurar que la literatura y el arte encajen bien en el mecanismo general de la revolución, se conviertan en un arma poderosa para unir y educar al pueblo y para atacar y aniquilar al enemigo, y ayuden al pueblo a luchar con una misma voluntad contra el enemigo.

Ibíd.

La crítica literaria y artística tiene dos criterios: el político y el artístico. [...]
Hay un criterio político y hay un criterio artístico. ¿Cuál es la relación entre ellos? La política no equivale al arte, ni una con-

cepción general del mundo equivale a un método de creación y crítica artísticas. No sólo negamos que haya un criterio político abstracto y absolutamente invariable, sino que también negamos que haya un criterio artístico abstracto y absolutamente invariable; en toda sociedad de clases, cada clase tiene sus propios criterios político y artístico. Pero todas las clases, en todas las sociedades de clases, siempre colocan el criterio político en el primer lugar y el artístico en el segundo. [...] Lo que exigimos es la unidad de la política y el arte, la unidad del contenido y la forma, la unidad del contenido político revolucionario y el más alto grado posible de perfección de la forma artística. Una obra de arte que carece de valor artístico, por progresista que sea en lo político, no tiene fuerza. Por eso nos oponemos tanto a las obras artísticas que contengan puntos de vista políticos erróneos como a la tendencia a crear obras al "estilo de cartel y consigna", obras acertadas en su punto de vista político, pero carentes de fuerza artística. En el problema de la literatura y el arte, tenemos que sostener una lucha en dos frentes.

Ibid.

"Que se abran cien flores y compitan cien escuelas de pensamiento" es la orientación para promover el desarrollo del arte y el progreso de la ciencia, para hacer florecer la cultura socialista de nuestro país. Pueden desarrollarse libremente distintas formas y estilos en el arte, y competir libremente diferentes escuelas en la ciencia. Consideramos que es perjudicial al desarrollo del arte y de la ciencia recurrir a medidas administrativas para imponer un particular estilo de arte o escuela de pensamiento y prohibir otro. El problema de lo correcto y lo erróneo en el arte y en la ciencia debe resolverse mediante discusiones libres en los círculos artísticos y científicos, a través de la práctica del arte y de la ciencia, y no de manera simplista.

"Sobre el tratamiento correcto de las contradicciones en el seno del pueblo" (27 de febrero de 1957).

Un ejército sin cultura es un ejército ignorante, y un ejército ignorante no puede derrotar al enemigo.

"El frente único en el trabajo cultural" (30 de octubre de 1944), *Obras Escogidas*, t. III.

XXXIII. ESTUDIO

En la transformación de la China agraria
y atrasada en una China industrializada y
avanzada, se nos plantean tareas arduas, y
nuestra experiencia es muy reducida. Por
eso, es preciso que sepamos aprender.

> "Discurso de apertura en el VIII
> Congreso Nacional del Partido
> Comunista de China" (15 de
> septiembre de 1956).

Las condiciones cambian permanentemen-
te, y para adaptar su pensamiento a las
nuevas condiciones, uno debe aprender. Incluso quienes tienen una mayor comprensión
del marxismo y se mantienen comparativamente firmes en la posición proletaria,

deben continuar aprendiendo, asimilar cosas nuevas y estudiar problemas nuevos.

> "Discurso ante la Conferencia Nacional del Partido Comunista de China sobre el Trabajo de Propaganda" (12 de marzo de 1957).

Podemos aprender lo que ignoramos. No sólo sabemos destruir el mundo viejo, sino que también sabemos construir el mundo nuevo.

> "Informe ante la II Sesión Plenaria del Comité Central elegido en el VII Congreso Nacional del Partido Comunista de China" (5 de marzo de 1949), *Obras Escogidas*, t. IV.

Hay dos maneras de aprender de otros. Una es la dogmática, que consiste en copiarlo todo, sea o no aplicable a las condiciones de nuestro país. Esta no es una buena actitud. La otra es hacer funcionar nuestras cabezas y aprender lo que se adapte a nuestras condiciones, es decir, asimilar cuanta experiencia nos sea útil. Esta es la actitud que debemos adoptar.

> "Sobre el tratamiento correcto de las contradicciones en el seno del pueblo" (27 de febrero de 1957).

La teoría de Marx, Engels, Lenin y Stalin es aplicable universalmente. No hay que considerarla como un dogma, sino como una guía para la acción. Estudiar el marxismo-leninismo no es simplemente aprender su terminología, sino estudiarlo como ciencia de la revolución. No sólo hay que comprender las leyes generales establecidas por Marx, Engels, Lenin y Stalin como resultado de su estudio extensivo de la vida real y de la experiencia revolucionaria, sino también aprender la posición y el método que adoptaban al examinar y resolver los problemas.

> "El papel del Partido Comunista de China en la guerra nacional" (octubre de 1938), *Obras Escogidas*, t. II.

Si tenemos una teoría justa, pero nos contentamos con hacer de ella un tema de conversación y la dejamos archivada en lugar de ponerla en práctica, semejante teoría, por buena que sea, carecerá de significación.

"Sobre la práctica" (julio de 1937), *Obras Escogidas*, t. I.

Hay que dominar la teoría marxista y saber aplicarla; dominarla con el único objetivo de aplicarla. Si usted puede aclarar uno o dos problemas prácticos desde el punto de vista marxista-leninista, merecerá elogios y podrá decirse que ha logrado algunos éxitos. Mientras más problemas aclare y más amplia y profundamente lo haga, mayores serán sus éxitos.

"Rectifiquemos el estilo de trabajo en el Partido" (1° de febrero de 1942), *Obras Escogidas*, t. III.

¿Cómo unir la teoría marxista-leninista con la práctica de la revolución china? Dicho en lenguaje corriente, esto se logra "disparando la flecha al blanco". Cuando uno dispara una flecha, tiene que apuntarla a un blanco. La flecha es al blanco como el marxismo-leninismo a la revolución china. Algunos camaradas, sin embargo, "disparan sus flechas sin tener un blanco", o tiran al azar; esas personas pueden perjudicar fácilmente a la revolución.

Ibíd.

Los que tienen experiencia en el trabajo práctico deben estudiar la teoría y leer a conciencia. Sólo así podrán sistematizar y sintetizar sus experiencias para elevarlas al nivel de la teoría, y no tomarán sus experiencias parciales por verdades universales, ni caerán en el error de empirismo.

Ibíd.

Leer es aprender; practicar también es aprender, y es una forma más importante de aprender. Nuestro método principal es aprender a combatir en el curso mismo de la guerra. Una persona que no ha tenido oportunidad de ir a la escuela también puede aprender a combatir, aprender en el curso mismo de la guerra. La guerra revolucionaria es una empresa del pueblo; en ella ocurre con frecuencia que la gente, en vez de combatir después de haber aprendido, comienza por combatir y después aprende. Combatir es aprender.

> "Problemas estratégicos de la guerra revolucionaria de China" (diciembre de 1936), *Obras Escogidas*, t. I.

Entre un civil corriente y un militar hay cierta distancia, pero no una Gran Muralla, y esta distancia puede ser eliminada con rapidez. Participar en la revolución y en la guerra es la forma de eliminarla. Al decir que aprender y aplicar no es fácil, nos referimos a que no es fácil aprender a fondo y aplicar con habilidad. Al decir que los civiles pueden convertirse con rapidez en militares, nos referimos a que no es difícil cruzar el umbral. Para resumir estas dos afirmaciones, conviene recordar la vieja sentencia china: "Nada en el mundo

es difícil para el que se propone hacerlo."
Iniciarse en el arte de la guerra no es difícil y perfeccionarse también es posible; sólo se necesitan dedicación y habilidad para aprender.

Ibid.

Debemos aprender de todas las personas entendidas (sean quienes fueren) a trabajar en el terreno económico. Debemos estimarlas como maestros, aprendiendo de ellas respetuosa y concienzudamente. No aparentemos saber cuando no sabemos.

> "Sobre la dictadura democrática popular" (30 de junio de 1949), *Obras Escogidas*, t. IV.

El conocimiento es problema de la ciencia y ésta no admite ni la menor deshonestidad ni la menor presunción; lo que exige es ciertamente lo contrario: honestidad y modestia.

> "Sobre la práctica" (julio de 1937), *Obras Escogidas,* t. I.

La complacencia es enemiga del estudio. Si realmente queremos aprender algo, debemos comenzar por deshacernos de la complacencia. Nuestra actitud hacia nosotros mismos debe ser "aprender sin sentirnos jamás satisfechos", y hacia los demás, "no cansarnos de enseñar".

> "El papel del Partido Comunista de China en la guerra nacional" (octubre de 1938), *Obras Escogidas*, t. II.

Algunos han leído unos cuantos libros marxistas y se creen muy doctos, pero, como lo que han leído no les ha penetrado ni prendido en la mente, no saben utilizarlo y sus sentimientos de clase siguen como antes. Otros son muy engreídos y, habiendo aprendido algunas frases librescas, se hacen pasar por notabilidades y se hinchan de orgullo, pero, cada vez que se levanta una tormenta, toman una posición muy diferente a la de los obreros y la mayoría de los campesinos. Vacilan mientras éstos permanecen firmes, se muestran equívocos mientras éstos son francos y directos.

> "Discurso ante la Conferencia Nacional del Partido Comunista de China sobre el Trabajo de Propaganda" (12 de marzo de 1957).

Para adquirir una verdadera comprensión del marxismo, hay que aprenderlo no sólo de los libros, sino principalmente a través de la lucha de clases, del trabajo práctico y del contacto íntimo con las masas obreras y campesinas. Si, además de leer libros marxistas, nuestros intelectuales logran cierta comprensión del marxismo a través del contacto con las masas obreras y campesinas y de su propio trabajo práctico, hablaremos todos el mismo lenguaje: no sólo tendremos el lenguaje común del patriotismo y del sistema socialista, sino que podremos también tener el lenguaje común de la concepción comunista del mundo. En este caso, todos trabajaremos mucho mejor.

Ibíd.

Índice

    I. El Partido Comunista.................................... 7

   II. Clases y lucha de clases................................ 15

  III. Socialismo y comunismo.............................. 30

  IV. El tratamiento correcto de las contradicciones
      en el seno del pueblo 54

    V. Guerra y paz... 68

  VI. El imperialismo y todos los reaccionarios son
      tigres de papel 83

  VII. Atreverse a luchar y a conquistar la victoria 93

VIII. La guerra popular...................................... 100

  IX. El ejército popular..................................... 113

    X. La dirección de los comités del Partido............ 118

  XI. Línea de masas 133

  XII. Trabajo político 150

 XIII. Relaciones entre oficiales y soldados 165

 XIV. Relaciones entre ejército y pueblo.................... 170

  XV. Democracia en los tres terrenos principales....... 174

XVI. Educación y adiestramiento militar 182

XVII. Servir al pueblo 187

XVIII. Patriotismo e internacionalismo 192

XIX. Heroísmo revolucionario 199

XX. Construir nuestro país con laboriosidad
y economía 204

XXI. Apoyarse en los propios esfuerzos
y trabajar duro 213

XXII. Métodos de pensamiento y de trabajo 222

XXIII. Investigación y estudio 250

XXIV. Rectificación de las ideas erróneas 258

XXV. Unidad 272

XXVI. Disciplina 275

XXVII. Crítica y autocrítica 280

XXVIII. Comunistas 291

XXIX. Cuadros 300

XXX. Jóvenes 313

XXXI. Mujeres 319

XXXII. Cultura y arte 325

XXXIII. Estudio 331

AKAL BÁSICA DE BOLSILLO
Títulos publicados

Serie Clásicos del pensamiento político

Discursos sobre la Primera Década de Tito Livio
Nicolás Maquiavelo

Si bien Maquiavelo en *El Príncipe* defiende la monarquía como forma de gobierno, en los *Discursos* propone la república como la ideal, hecho que pone en cuestión la coherencia de su pensamiento. Sin embargo, sus *Discursos* cobran sentido en cuanto comprendemos que su verdadera preocupación era la creación de un Estado moderno en la Italia de su tiempo.

ISBN: 978-84-460-4258-7   432 pp.

El capital
Crítica de la economía política
Karl Marx

Realizada a partir de la edición Dietz de Berlín, y cuidadosamente cotejada con ediciones y traducciones anteriores, los lectores podrán descubrir en sus páginas cómo su análisis no sólo no ha sido superado sino que mantiene intacta su vigencia.

ISBN: 978-84-460-1222-1   3184 pp (8 vols.)

El fascismo
Ernest Mandel

La historia del fascismo es también la historia del análisis teórico del mismo. El *shock* que experimentaron los observadores atentos al proceso fue todavía más fuerte en la medida en que esa sacudida vino acompañada del ejercicio directo de la violencia física sobre los individuos.

ISBN: 978-84-460-3338-7   80 pp.

El federalista
Alexander Hamilton, James Madison y John Jay

El federalista ofrece no sólo el análisis más serio de la Constitución federal estadounidense, sino también la expresión filosófica más ampliamente respetada de su pensamiento político en el momento fundacional de los Estados Unidos.

ISBN: 978-84-460-2779-9   640 pp.

El Príncipe
Nicolás Maquiavelo

Maquiavelo compuso este tratado de doctrina política con la finalidad tanto de alcanzar el favor de aquellos que le habían privado de la libertad y recuperar su antiguo empleo de canciller como de ser útil a Florencia.

ISBN: 978-84-460-3142-0   168 pp.

El socialismo
Émile Durkheim

Poniendo un especial acento en su relación con el comunismo y en la obra de Saint Simon, Durkheim lleva a cabo un análisis clave para la comprensión de las circunstancias políticas, económicas y sociales que lo determinaron.

ISBN: 978-84-460-3121-5   320 pp.

Ensayo sobre la historia de la sociedad civil
Adam Ferguson

Este escrito resulta excepcional porque, a pesar de haber sido construido en un entorno que reivindicaba los presupuestos del liberalismo económico, no separa la mirada de los valores de la tradición republicana y busca situar lo político como componente medular de la sociedad civil.

ISBN: 978-84-460-2693-8   352 pp.

Escritos federalistas
Pierre-Joseph Proudhon

Se ofrece la revisión de la obra de Proudhon, que tan necesaria se hacía, no sólo para intentar explicar el verdadero significado de su pensamiento, sino también para esclarecer su pensamiento.

ISBN: 978-84-460-2826-0   464 pp.

La Comuna de París
Karl Marx, Friedrich Engels y Vladímir Ilich Lenin

Desde «La guerra civil en Francia» de Karl Marx, hasta el trabajo de Lenin «En memoria de la Comuna», los «clásicos» del materialismo dialéctico e histórico reflexionan sobre un excepcional acontecimiento político: la primera revolución genuinamente proletaria.

ISBN: 978-84-460-3183-3   128 pp.

La democracia en América
Alexis de Tocqueville

Obra cumbre del liberalismo francés, es también valorada como el estudio fundador de la ciencia política y la sociología actual. El detenimiento con el que el escritor analizó las peculiaridades del país americano hacen que la obra sea una referencia básica para los estudios de política comparada.

ISBN: 978-84-460-2592-4   928 pp.

La ética protestante y el espíritu del capitalismo
Max Weber

En su obra más conocida, Max Weber explica la construcción del capitalismo por obra de la mentalidad y ética protestante, específicamente la calvinista, que defiende el trabajo y rehúye de la ostentación frente al tradicionalismo católico.

ISBN: 978-84-460-3715   336 pp.

La Sagrada Familia
Karl Marx y Friedrich Engels

Es la respuesta de Marx y Engels a los ataques que Bruno Bauer, reacio a los movimientos de la «masa» de la época, les lanzara desde su gaceta literaria. Una obra que sería precursora de sus posteriores escritos.

ISBN: 978-84-460-3504-6   288 pp.

Las Nacionalidades.
Escritos y discursos sobre federalismo
Francisco Pi y Margall

Este libro reúne, por vez primera, los escritos y discursos más importantes de Francisco Pi i Margall sobre el federalismo y la idea de una España como República federal.

ISBN: 978-84-460-3096-6   720 pp.

Manifiesto comunista
Karl Marx y Friedrich Engels

Cuidada traducción de una obra fundamental de la política y el pensamiento marxista en la que Marx y Engels exponen su concepción sobre la evolución de la fuerza proletaria y su victoria final en la lucha que enfrenta a las clases sociales, motor de la historia.

ISBN: 978-84-460-2289-3   72 pp.

Marx, ontología del ser social
György Lukács

Obra póstuma del autor, en ella se concentra un análisis sobre la figura del hombre trabajador como ente indisociable del tejido posindustrial bajo la óptica marxista de la dialéctica y la lucha antagónica.

ISBN: 978-84-460-2663-1   224 pp.

Obras escogidas, vol. 1

Karl Marx y Friedrich Engels

Este primer volumen incluye entre otras obras fundamentales el célebre documento programático *Manifiesto del Partido Comunista*, en el que Marx y Engels hacen una exposición clásica de las ideas fundamentales del socialismo científico, y las tres obras de Marx dedicadas a la historia de Francia del siglo XIX: *Las luchas de clases en Francia de 1848 a 1850, El 18 de Brumario de Luis Bonaparte* y *La guerra civil en Francia*.

ISBN: 978-84-460-4176-4   720 pp.

Obras escogidas, vol. 2

Karl Marx y Friedrich Engels

Este segundo volumen incluye obras fundamentales como *Crítica del programa de Gotha*, las *Tesis sobre Feuerbach, Del socialismo utópico al socialismo científico, Ludwig Feuerbach, El origen de la familia, de la propiedad privada y del Estado*, así como el séptimo y el último apartado del capítulo XXIV del primer tomo de *El capital*.

ISBN: 978-84-460-4177-1   576 pp.

Reforma o revolución

Rosa Luxemburgo

Esta es la primera gran obra política de Rosa Luxemburgo, la que le proporcionaría el reconocimiento político del PSD alemán y la convertiría en una verdadera dirigente política.

ISBN: 978-84-460-4129-0   160 pp.

Sobre la libertad

John Stuart Mill

Este es uno de los textos esenciales de la filosofía política contemporánea y uno de los más influyentes de Mill, en el que se defiende la libertad plena de pensamiento, expresión y acción del individuo con respecto al Estado.

ISBN: 978-84-460-3887-0   208 pp.

Sobre la paz perpetua
Immanuel Kant

Como si de la redacción de un tratado de paz se tratase, este ensayo es el proyecto jurídico de Kant para conseguir una organización política mundial y particular para cada uno de los Estados que favorezca la paz.

ISBN: 978-84-460-2830-7   128 pp.

¿Qué hacer?
Vladímir Ilich Lenin

Es esta una guía para los obreros bolcheviques protagonistas de la futura Revolución rusa y un auténtico libro de combate que contribuiría al final del Imperio zarista.

ISBN: 978-84-460-4164-1   216 pp.

Nuevos ensayos sobre el entendimiento
G. W. Leibniz

Nacidos con el propósito de refutar el empirismo de John Locke, los *Ensayos* ponen de manifiesto la enorme riqueza intelectual de Leibniz, uno de los pensadores más relevantes de la historia intelectual del mundo moderno.

ISBN: 978-84-460-2998-4   736 pp.

El contrato social
Jean-Jacques Rousseau

En *El contrato social* Rousseau desarrolla sus ideas acerca de la sociedad civil y política. Ante la situación de desigualdad y enajenación de libertad que viven los seres humanos, defiende que un poder y un dominio adecuado al derecho sólo pueden fundarse en un acuerdo entre los hombres por el que cada individuo se somete a la dirección suprema de una voluntad general.

ISBN: 978-84-460-4382-9   240 pp.

La Revolución española
Karl Marx y Friedrich Engels

Se presentan los artículos más destacados de Marx y Engels sobre España como los publicados en el *New York Daily Tribune*, entre 1854 y 1860, en la *Nueva Enciclopedia Americana*, y el ensayo *Los bakuninistas en acción*, entre otros.

ISBN: 978-84-460-4417-8   224 pp.

La Revolución rusa
Rosa Luxemburgo

Estando presa en Alemania, Rosa Luxemburgo escribió este artículo para movilizar a los obreros alemanes mostrando los éxitos de la Revolución rusa. Un texto que sigue suscitando el mismo interés que cuando fue redactado.

ISBN: 978-84-460-4415-4   80 pp.

La crisis de la socialdemocracia
Rosa Luxemburgo

La autora redactó este ensayo en 1915, estando en la cárcel, para explicar que el conflicto bélico no tenía un carácter defensivo frente al zarismo ruso, sino que constituía una guerra imperialista seguida de las contradicciones y necesidades del desarrollo del capitalismo.

ISBN: 978-84-460-4408-6   176 pp.

Diálogo sobre el gobierno de Florencia
Francesco Guicciardini

El *Diálogo sobre el gobierno de Florencia* es un tratado teórico-político que, a la manera de los diálogos platónicos, imagina una discusión desarrollada en Florencia en 1494, cuyos interlocutores son el padre del autor, Piero Guicciardini, Pagolantonio Soderini y Piero Capponi, todos fervientes republicanos, a quienes contrapone al viejo Bernardo del Nero, su *alter ego*, vinculado con el partido medíceo. Este último demuestra a sus tres amigos lo ilusorio de su fe republicana y les expone los graves defectos de un gobierno plenamente democrático.

ISBN: 978-84-460-4465-9   272 pp.